JN087127

図解でスッキリ

EY
Building a better
working world

時価算定基準の会計入門

EY新日本有限責任監査法人―[編]

中央経済社

発刊にあたって

　会計に携わる方なら，「基準や実務指針，解説書を読んでみたが，難解だった」といった経験があるのではないでしょうか。本書は，図解やキャラクター，そして専門用語でない一般用語を用いた解説で，会計処理に関する「モヤモヤ感」を「スッキリ」させることをねらいとしています。

　本書のテーマは時価算定です。2019年7月4日に公表された「時価の算定に関する会計基準」の解説本です。この会計基準は，基本的にIFRS第13号「公正価値測定」を取り込んだもので，聞きなれない用語や感覚的にわかりづらい用語も出てきます。このため会計に通じている方でも，若干のとっつきにくさを感じることもあるかもしれません。

　本書ではこういった用語の解釈に加え，従来の時価とのちがい，適用範囲や，時価の算定にあたっての具体的な留意事項，算定方法，開示にあたっての留意事項等を総合的に解説しています。本書が皆様の理解に少しでも役立つことができれば幸甚です。

　最後に，本書執筆にあたり，アドバイスいただきました株式会社中央経済社の末永芳奈氏にこの場をお借りして御礼を申し上げます。

2020年5月

EY新日本有限責任監査法人　執筆者一同

本書の使い方

①原則，１見開き１テーマです。まずテーマを把握しましょう。テーマ別なので，知りたいor調べたいところだけのつまみ食いもOK！

1-5 ガイダンスがないと困ること②

時価の開示について国際間の整合性がとれない

時価の算定方法の他に，時価に関する情報をどこまで開示するのかという点でも，共通のガイダンスは重要になります。

我が国では，金融商品の時価に関する会計基準などで，さまざまな時価情報の開示が求められていました。しかし国際的な会計基準であるIFRS第13号またはASC Topic 820 で要求されているような公正価値に関する開示の多くは定められていませんでした。

そのため，特に金融商品を多数保有する金融機関を中心に国際的な比較可能性が損なわれているのではないかという意見が，国内外から多く出ていました。

IFRS 第13号においては，公正価値（時価）の「レベル」という概念が定められ，「レベル」に応じて公正価値（時価）の算定方法が定められるとともに，開示も「レベル」に応じた情報提供が求められています。

今回の時価算定基準では，開示する時価情報の内容についても国際的な整合性をはかるために，IFRS 第13号に合わせて，時価の「レベル」に応じた開示情報の拡充が図られています（§8-5）。

 Key Word 時価の「レベル」

時価と一言でいってもさまざまです。東証一部上場会社の株価のように毎日活発な売買がされている市場における取引価格もあれば，活発な市場での取引がないため個別に算定される時価もあります。そのため時価算定基準では，「レベル」ごとに取扱いが定められています。

②右ページの図解と合わせ，読み進めていきましょう。重要な用語は，Key Wordとして解説し，＋αの知識は，Check！として紹介します。

索引付きなので，調べたいページが
すぐにわかる！

スッキリ丸

時価のレベルごとに開示が必要になる

【時価の算定方法】時価＝インプット × 評価技法

アウトプット
＝
時価

レベル別のインプット

レベル	利用するインプット	優先度
レベル1	活発な市場における調整されていない相場価格	高
レベル2	レベル1以外の観察可能なインプット	中
レベル3	観察できないインプット	低

レベル2や3はいろいろと
開示が必要だ

必要となる開示事項

全てのレベルの金融商品：時価のレベルごとの残高
レベル2の時価またはレベル3の時価の金融商品：
　　評価技法およびインプットの説明
　　評価技法またはその適用の変更をした場合は，その旨およびその理由
時価で貸借対照表に計上されるレベル3の時価の金融商品：
　　重要な観察できないインプットに関する定量的情報
　　期首残高から期末残高への調整表
　　企業の評価プロセスの説明
　　重要な観察できないインプットを変化させた場合の時価に対する
　　影響に関する説明

③スッキリ丸の疑問や発見により，つまずきやすい点，論点を把握
　することができます。

Contents

押さえておこう 用語の定義

- -

市場参加者

　市場参加者とは，評価対象となる資産または負債の主要な市場または最も有利な市場において，**以下の要件すべてを満たす買手または売手**をいいます。

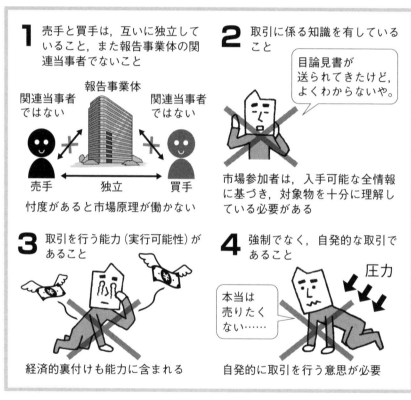

1 売手と買手は，互いに独立していること，また報告事業体の関連当事者でないこと

報告事業体

関連当事者ではない　　　関連当事者ではない

売手　　　独立　　　買手

忖度があると市場原理が働かない

2 取引に係る知識を有していること

目論見書が送られてきたけど，よくわからないや。

市場参加者は，入手可能な全情報に基づき，対象物を十分に理解している必要がある

3 取引を行う能力（実行可能性）があること

経済的裏付けも能力に含まれる

4 強制でなく，自発的な取引であること

圧力

本当は売りたくない……

自発的に取引を行う意思が必要

　時価の算定に関する会計基準（以下，「時価算定基準」という）では，市場参加者間で秩序ある取引が行われると想定した場合の取引価格を時価と定めます。**1～4**に該当しない場合には，市場の原理に基づいた価格付けにならない可能性があります。そこで市場参加者はこの4要件を満たすことが求められるのです。

押さえておこう 用語の定義

主要な市場，最も有利な市場

　複数の市場がある場合，どの市場の取引価格を用いるかに関連し，
「主要な市場」，**「最も有利な市場」**という概念が定められています。

　「主要な市場」とは，算定する資産または負債についての**取引数量お
よび頻度が最も大きい市場**のことです。たとえば下記の例だとドバイが
主要な市場となります。

　「最も有利な市場」とは，付随費用（**輸送費用や取引費用**）を考慮し
たうえで，資産の売却による受取額を最大化する，または負債の移転に
対する支払額を最小化できる市場です。たとえば所在地が資産の特性で
ある場合には現在地から市場までの輸送費用を調整します。たとえば下
記の場合，正味の受領額が最大のニューヨークが最も有利な市場という
ことになります。

たとえば原油市場の場合（数値はダミー）

	ドバイ	ニューヨーク	ロンドン	
取引数	100	30	20	主要な市場を決める要素
取引頻度	日に100取引	日に50取引	日に10取引	
取引価格	95	105	100	最も有利な市場を決める要素
輸送費用	▲10	▲15	▲12	
取引費用	▲3	▲2	▲1	
正味の受取額	82	88	87	

16

押さえておこう 用語の定義

活発な市場

　「**活発な市場**」とは，継続的に価格情報が提供される程度に十分な数量および頻度で取引が行われている市場をいいます。こうした状況においては，需要と供給のバランスがとれたところで取引価格が成立し，取引価格は時価を表します。

　市場があっても，**取引の数量または頻度が著しく低下している**とどうでしょうか。不当に安い価格または不当に高い価格で取引が成立するかもしれません。つまり，こうした状況下での取引価格は時価を表さないかもしれないのです。

　取引の数量または頻度が著しく低下しているかは，明確なラインがあるわけではありません。時価算定基準上，指針が示されている（§7-6）ので，これから一つずつ判断することとなります。

　取引の数量または頻度が著しく低下していると判断された場合は，取引価格をそのまま時価として用いることはできません。この場合は，リスク・プレミアムの調整等が必要となる場合があります（§7-6）。

押さえておこう 用語の定義

秩序ある取引

　「秩序ある取引」とは，**時価算定日以前**の一定期間，対象とする資産または負債が市場にさらされていることを前提とした取引です。一定期間市場にさらす機会がないということは，通常かつ慣習的なマーケティングができないことです。こうした状況下では，市場参加者が適切な判断ができず，取引価格が時価を表さないおそれがあります。

　また他から強制された取引（強制された清算取引や投売り）も，秩序ある取引には該当しません。

　すなわち，秩序ある取引に該当しない場合は，取引価格が時価を表さない可能性があります。こうした状況下では，時価の算定に取引価格を用いてよいのか（マーケット・アプローチを用いるのが適当か）考慮が必要です。

活発な市場に該当しない場合や
秩序ある取引に該当しない場合の
対処法は，§7-6，§7-7を読んでね！

18

押さえておこう 用語の定義

インプット

　時価算定基準における「**インプット**」とは，市場参加者が時価を算定する際に用いる**仮定**です（§6-1）。このインプットは「**観察可能なインプット**」と「**観察できないインプット**」に分けられます。

	観察可能な インプット	観察できない インプット
共通点	市場参加者が資産または負債の時価を算定する際に使用するであろう仮定	
相違点	**市場データ**に基づき設定された仮定（市場の相場価格も含む）	市場データでないが，**入手できる最良の情報**に基づく仮定
インプットの具体例	取引所の株式の取引価格，TIBOR などの市場金利，商品市場での原油先物価格	参照市場データに裏付けられていないインプット（§6-8参照）
市場の具体例	取引所市場，ディーラー市場，ブローカー市場，相対市場　等	

　観察できないインプットより，観察可能なインプットを用いて算定した時価の信頼性のほうが，高くなります。このため，時価を算定するに際し，インプットの属性を把握することが重要となります。

§1

時価算定基準の
導入の背景

「時価」とは何か?

なぜ時価の算定に関する会計基準が必要になったのか?

§1では,今回の会計基準が導入された背景について説明します。

まずは時価の
意味や必要性について
理解していこう。

時価とは?

1－1

時価はモノの現在の価値をはかるモノサシ

　時価という言葉から何を思い浮かべるでしょうか?　お寿司屋さんのお品書きの「時価」，会社が発行する株式の「時価」，10年前に購入したマンションの「時価」など，私たちの周りにはさまざまな「時価」があります。あるモノの価値を考えるときに，この「時価」というモノサシは非常に気になる指標ですが，それはなぜでしょうか?

　まず，これら「時価」にはいくつかの共通する特徴があります。

- 過去でも未来でもなく「**現在の価値**」であること
- その時々によって金額が変動する可能性があること
- 金額の計算方法がひとつではないこと

　「良いものを今とにかく安く買いたい，そのモノの価値にあった適切な金額で買い物がしたい，過去に購入した資産の今の価値を知りたい」といったことを考える時に，「時価」はとても重要なモノサシになります。

　また，「時価」と対比される言葉として「原価」という言葉があります。「原価」は，あるモノを取得した時に支払った金額のことで，時価とは反対に，「**過去の価値**」として変動しない確定額という特徴があります。「10万円で買った電化製品をこれだけ使えば十分に元は取ったな」といったことを考える時に，「原価」は重要なモノサシになります。

　「時価」と「原価」はその目的に応じて使い分けることで，さまざまな判断をする際に役立つモノサシであるといえます。

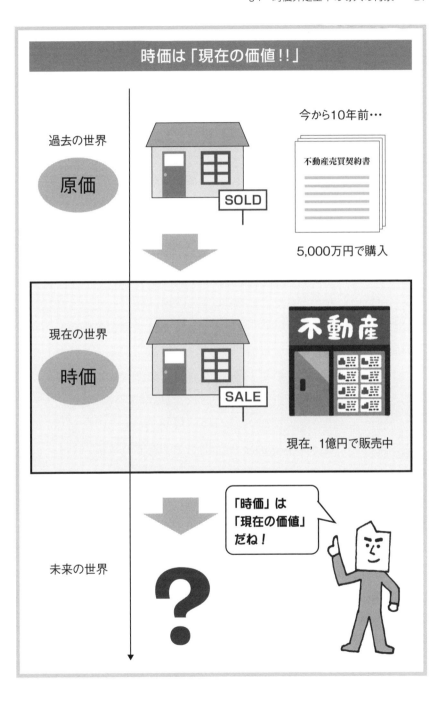

1-2 時価が必要なわけ

時価で表さないと困ること

　会計処理の原則的な考え方として，「**取得原価主義**」が長く採用され
てきました。会計処理では，客観性，確実性，検証可能性といった要素
が重要視されます。そのため算定する時点や方法によって差が生じる可
能性がある「時価」というモノサシよりも，過去の支払いに裏付けられ
た確定額である「原価」というモノサシの方が，誤った情報を提供する
可能性が低いと考えられたことなどが理由です。

　しかし，「原価」には欠点もあります。それは「**過去の価値**」と「**現
在の価値**」が大きく変動する場合に，現在の価値とは大きく乖離した金
額による会計処理が，そのまま継続してしまうことです。

　たとえば10年前に100万円で購入した株式が1,000万円になった，バブ
ルの時代に5億円で購入したマンションが1億円になった，といった状
況を想像してください。このような状況で「過去の価値」である「原
価」による会計処理では，決算書の資産や負債が，「現在の価値」から
乖離してしまいます。そのため国際的にも，時価による会計処理や情報
提供の要請が高まっています。

　ただし，「現在の価値」である時価は，算定するのに専門的な知識が
必要であり，また一般的に不確実性が高いといわれています。そのため
実務上の負担や会計処理の確実性と有用性の観点から，一律に「時価」
によって会計処理を行うのではなく，対象となるモノに応じて「時価」
による会計処理や開示を行うというのが，国際的な流れになっています。

原価がいいのか，時価がいいのか

時価の特徴 ⇒ 算定する時点によって金額が増減する

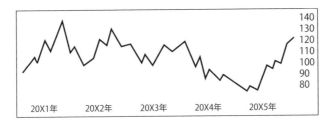

もし，時価情報がなければ，
成功したか失敗したかわからない

1-3 時価算定基準の導入前は?

これまでも時価は算定されていた

　国際的な時価情報に対する要請の高まりを受けて，これまで我が国においても，いわゆる時価会計の導入が順次進んできました。

　特に有価証券やデリバティブ取引といった金融商品については，2000年以降に時価による会計処理や開示が求められ，また，企業の金融商品に対する取組方針，リスク管理方針および時価等に関する事項についての補足情報などの開示も求められるようになっています。

　金融商品以外でも，時価の情報開示が求められるようになっています。賃貸等不動産の注記による時価開示や，企業買収等を行った際の会計処理（ブランドや顧客情報などの無形資産を識別する）等です。

　このように我が国において，時価会計という言葉が徐々に浸透し，時価の算定が広く求められるようになった一方で，時価の算定方法についての具体的なガイダンスがないという状況が続いていました。

　一方で海外では，国際財務報告基準（以下，「IFRS」という）や米国会計基準（以下，「US-GAAP」という）において，ほぼ同じ内容の詳細なガイダンスが定められています。

Check! 「時価」と「公正価値」

　時価算定基準では「時価」という用語が使用されていますが，IFRS等では「公正価値(fair value)」という表現が使われています。我が国において他の関連法規等で「時価」という用語が広く使われていること等に配慮したもので，意味としては同じです。

これまでも時価はいろいろと使われている！

決算書

貸借対照表

現金預金	××	買掛金	××
売掛金	××	借入金	××
棚卸資産	××	引当金	××
有形固定資産	××	資本金	××
投資有価証券※	××	剰余金	××

※その他有価証券　時価のあるもの
　決算日の市場価格等に基づく時価法により
　評価しています。

たとえば
金融商品

注記　金融商品関係

	簿価	時価
売掛金	100	100
投資有価証券	1,000	1,000
買掛金	80	80
借入金	300	280

※時価は××により評価しています。

賃貸等不動産

注記　賃貸等不動産関係

簿価		金額
	期首残高	1,200
	期中増減額	200
	期末残高	1,400
期末時価		1,500

※時価は××により評価しています。

<table>
<tr><td>1－4</td><td># ガイダンスがないと困ること①</td></tr>
</table>

時価評価額について国際間の整合性

　時価による会計処理をするのに，時価を算定するための具体的なガイダンスがないということは，たとえるならば，フィギュアスケートなどの競技について，共通の採点基準がない状況と同じといえます。得点に各国の関係者が全て納得するためには，競技を行う選手，採点する審査員や観戦者に共通する客観的な基準があることが必要になります。

　「時価」について，国際的には，「時価」に相当する「公正価値」の測定に関する詳細なガイダンスとして，主に以下の2つがあります。

設定主体	会計基準
国際会計基準審議会（IASB）	IFRS 第13 号「公正価値測定」
米国財務会計基準審議会（FASB）	ASC Topic 820「公正価値測定」

　これに対して，我が国では具体的なガイダンスがないため，各企業はこれまでの会計慣行や実務を参考に，それぞれが選択した方法により時価の算定を行っていました。しかし，このような状況では，国内外の企業間における財務諸表の比較可能性を確保することができません。

　そのため，我が国においても時価の算定に関するガイダンスを整備する必要性から，IASBが公表しているIFRS第13号「公正価値測定」を基本的にすべて受け入れる形（ただし，これまでの比較可能性を大きく損なわない範囲で例外あり）で，今回の時価算定基準が公表されました。

みんなが納得するには客観的な共通ルールが必要！

たとえば：フィギュアスケートの採点基準の昔と今では

⇒ソルトレイク五輪の不正事件以降，技を点数化して客観的に！

	2002年シーズンまで	2003年シーズン以降
採点方法	6点満点方式	技術点,構成点,減点の積み上げ
技の評価	技ごとの点数は設定されない	技ごとに点数が個別に設定
出来栄えの評価	総合的に評価	技ごとに評価
判断基準	主観的な要素が大きい	客観性が高い

現在の採点基準 (3回転ジャンプだと…) (2018年改正ルール)

技の種類	基準点	出来栄え点
トリプルフリップ	5.3	−2.65 ～ ＋2.65
トリプルルッツ	5.9	−2.95 ～ ＋2.95
トリプルアクセル	8.0	−4.00 ～ ＋4.00

評価する客観的な
共通ルールが
あるから納得だ！

1-5 ガイダンスがないと困ること②

時価の開示について国際間の整合性がとれない

　時価の算定方法の他に，時価に関する情報をどこまで開示するのかという点でも，共通のガイダンスは重要になります。

　我が国では，金融商品の時価に関する会計基準などで，さまざまな時価情報の開示が求められていました。しかし国際的な会計基準であるIFRS第13号またはASC Topic 820 で要求されているような公正価値に関する開示の多くは定められていませんでした。

　そのため，特に金融商品を多数保有する金融機関を中心に国際的な比較可能性が損なわれているのではないかという意見が，国内外から多く出ていました。

　IFRS 第13号においては，**公正価値（時価）の「レベル」**という概念が定められ，「レベル」に応じて公正価値（時価）の算定方法が定められるとともに，開示も「レベル」に応じた情報提供が求められています。

　今回の時価算定基準では，開示する時価情報の内容についても国際的な整合性をはかるために，IFRS 第13号に合わせて，時価の「レベル」に応じた開示情報の拡充が図られています（§8-5）。

🔑 Key Word　時価の「レベル」

　時価と一言でいってもさまざまです。東証一部上場会社の株価のように毎日活発な売買がされている市場における取引価格もあれば，活発な市場での取引がないため個別に算定される時価もあります。そのため時価算定基準では，「レベル」ごとに取扱いが定められています。

時価のレベルごとに開示が必要になる

【時価の算定方法】時価＝インプット × 評価技法

レベル別のインプット

レベル	利用するインプット	優先度
レベル1	活発な市場における調整されていない相場価格	高
レベル2	レベル1以外の観察可能なインプット	中
レベル3	観察できないインプット	低

必要となる開示事項

全てのレベルの金融商品：時価のレベルごとの残高
レベル2の時価またはレベル3の時価の金融商品：
　評価技法およびインプットの説明
　評価技法またはその適用の変更をした場合は，その旨およびその理由
時価で貸借対照表に計上されるレベル3の時価の金融商品：
　重要な観察できないインプットに関する定量的情報
　期首残高から期末残高への調整表
　企業の評価プロセスの説明
　重要な観察できないインプットを変化させた場合の時価に対する
　影響に関する説明

COLUMN

モノの価値のパラドックス??

「水」と「ダイヤモンド」ではどちらの価値が高いでしょうか。

私たちが生きていくうえで「水」は必要不可欠なものである一方，「ダイヤモンド」は必要不可欠であるとはいえません。しかし，現実には「水」は比較的安価で入手でき，「ダイヤモンド」は高額で取引されます。

このように，「生活上の必要性」と「交換するうえでの価値」が逆転し，「水」よりも「ダイヤモンド」の価値が高くなってしまうような状況を，「価値のパラドックス」と呼ぶそうです。

一般的には，「水」は生活をするうえでの必要性（使用価値）は高いけれど，他のモノと交換するうえでの価値（交換価値）は低く，「ダイヤモンド」はその逆で，使用価値は低いけれど，交換価値は高いと考えられます。

もし通常の生活の中で，ペットボトル1本の水と，1カラットのダイヤモンドのどちらかが貰えるということがあれば，多くの人はダイヤモンドを選ぶのではないでしょうか。

一方で，もし砂漠の真ん中で，手元に十分な水を持っていない状況で，同じ選択をする場合にはどうでしょうか。

モノの価値は，その前提によって大きく変わるようです。

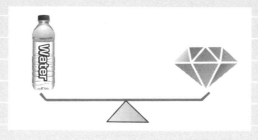

§2

時価算定基準の
ポリシーと適用範囲

時価算定の会計基準は時価情報の全てに適用されるのでしょうか？
§2では，その適用範囲を見ていくことにしましょう。

適用範囲は意外と
絞られている
みたいだね。

2-1 新基準のポリシーは

原則と例外を覚えておこう

　日本の会計基準では従来，資産または負債の時価評価を必要とされる場合があるものの，算定方法のガイダンスはありませんでした。そのためIFRSやUS-GAAP等の公正価値測定のガイダンスに従い作成している海外の会社の財務諸表と比較がうまく行えないのではないかとの声がありました（特に金融商品を多く持っている金融機関の場合）。たとえば，メジャーリーグと日本のプロ野球のホームランの記録（≒時価）を比較しようとしても，試合数や球場の大きさなど前提が異なれば，純粋には比較できませんよね。それと同じです。

　そういった背景もあり，2019年7月に時価算定基準が公表されました。この会計基準は，財務諸表の比較可能性を考慮し，IFRS第13号「公正価値測定」の内容を原則的に受け入れる形で作成されています（§1-4）。一方で実務上の負担（＝適用した際に生ずる手間）と効果（＝情報の有用性）を勘案して，他の国の財務諸表との比較に支障がない程度に，時価算定基準が適用される範囲を絞っています（例外）。

　具体的には，**全ての資産・負債に適用するのではなく，金融商品とトレーディング目的で保有する棚卸資産に絞って適用する**こととされています。§2-2以降では，なぜこの2つに絞られたのか，その理由を考えていきます。

時価の前提が異なると…

ホームラン数（時価）を比較しようとしても前提が違うと比較が難しくなる。
たとえばメジャーリーグでのホームラン40本とプロ野球でのホームラン
40本のどちらの達成が難しいか？

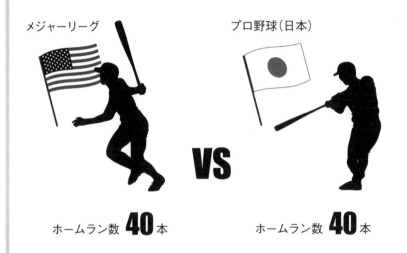

| | メジャーリーグ | | プロ野球（日本） |
| メジャーリーグ | | | プロ野球（日本） |

ホームラン数 **40** 本　　　　ホームラン数 **40** 本

前提

試合数：　多い（162試合）　⟺　少ない（144試合）

球場：　　広い　　⟺　　狭い

ホームラン数が同じでも，試合数や球場等の
前提が違うと，どちらがすごい記録なのか
比較しづらいね。時価も同じ。
比較可能性のためには，
前提を同じにしないとね！

時価算定基準の適用範囲は①

2-2

金融商品

　2000年に「金融商品に関する会計基準」（以下，「金融商品会計基準」という）が導入されてから，金融商品，特に金融資産については，最終的に時価で決済する金融商品で，客観的な時価がとれるものについては時価評価が原則となりました。ところが，§2-1で見てきたとおり，**時価をどのように定めるか（時価の算定方法）**は規定されておらず，国際的な財務諸表間の比較可能性が損なわれているという意見がありました。すなわち金融商品については，時価算定方法の必要性があったということで，時価算定基準の適用範囲とされました。

　なお，時価算定基準が適用されたことに伴い，金融商品会計基準の一部が改正され，従前の「時価を把握することが極めて困難と認められる有価証券」は存在しなくなりました。

　これは，時価算定基準では，入手可能な範囲で，精度の低い元情報（＝観察できないインプット）からでも「時価」を算定することとしているため，時価を把握できないことが想定されなくなったためです。

　ただし，理論上は可能でも，全ての金融商品に時価評価を求めると，実務上負担となります。そこで改正前に時価を把握することが極めて困難と認められる有価証券に含められていた市場価格のない株式・出資金等については，引き続き取得原価で評価を行うこととなりました（詳細は§8-2を参照）。

金融商品の貸借対照表価額が変わる!?

■時価算定基準導入に伴い，金融商品会計基準が改正された。これにより，<u>原則として時価をもって貸借対照表価額とする金融商品</u>（下記）の一部について，貸借対照表価額が変わることになった。

分類	貸借対照表価額	
	改正前	改正後
売買目的有価証券	時価	時価
その他有価証券		
上場株式，通常の債券，デリバティブ取引など	時価	時価
改正前に時価を把握することが極めて困難と認められる金融商品とされていたもの		
市場価格のない株式・出資金等	取得原価	取得原価
社債その他の債券	**取得原価（または償却原価）−貸倒引当金**	**時価**
社債その他の債券以外の有価証券	**取得原価**	**時価**
デリバティブ取引	**取得原価**	**時価**

これまで「時価を把握することが極めて困難と認められる金融商品」とされ，取得原価で計上されていたもののうち，社債その他の債券等とデリバティブ取引については，時価を算定しないといけなくなるんだね！

2-3 時価算定基準の適用範囲は②

トレーディング目的で保有する棚卸資産

　棚卸資産は保有目的の観点から2つに分類できます。加工や販売を目的として保有する**通常の販売目的の棚卸資産**と，単に市場価格の変動により利益を得ることを目的として保有する**トレーディング目的で保有する棚卸資産**（以下，「トレーディング目的の棚卸資産」という）です。

| 棚卸資産 | 通常の販売目的の棚卸資産（例：自動車メーカーの自動車） |
| | トレーディング目的の棚卸資産（例：投資（利殖）目的の金） |

　このうちトレーディング目的の棚卸資産は，毎期，時価評価されます。これはトレーディング目的の棚卸資産の場合，投資者にとっての有用な情報は，棚卸資産の時価と考えられるからです。また，この結果生じた評価差額は会社にとっての投資成果と考えられるため，損益で処理されます。つまり，トレーディング目的の棚卸資産は，売買目的有価証券の会計処理と同様であり，具体的な適用は金融商品会計基準に準ずることになっています。こうした背景から，トレーディング目的の棚卸資産も，金融商品と同様に時価算定基準の適用範囲になりました。

 Check!　低価法の「合理的に算定された価額」は変わるか

　通常の販売目的の棚卸資産の低価法判定に用いる正味売却価額は，市場価格が観察できない場合は，合理的に算定された価額を見積ります。この場合の合理的に算定された価額は時価と類似しますが，時価と等しくはなく，時価算定基準は適用されません。

トレーディング目的の棚卸資産と時価算定基準

売買目的有価証券もトレーディング目的の棚卸資産も同じ**会計処理**

売買目的有価証券	会計処理	財務諸表

トレーディング目的の棚卸資産

時価評価

BS：時価評価

PL：評価差額を
　　当期の損益
　　にする

↓

時価の算定方法についても**整合（同じにすること）**することが適切

↓

トレーディング目的の棚卸資産も売買目的有価証券と
同様に「時価算定基準」の適用範囲とする

トレーディング目的の棚卸資産も
売買目的有価証券も
時価の変動で利益をとろうと
しているね。
だから，同じ会計処理をして，同じように
時価算定基準の適用になるんだね！

時価算定基準の適用範囲は③

2-4

仮想通貨

　仮想通貨（暗号資産）は，最近生まれた概念であるため，会計処理が定まっていませんでした。しかし，仮想通貨の普及に従って，企業が仮想通貨を持つことが増えてきました。そこで2018年３月に「資金決済法における仮想通貨の会計処理等に関する当面の取扱い」が公表されました。これによる仮想通貨の時価に係る取扱いは次のようになっています。

	活発な市場が存在する	活発な市場が存在しない
貸借対照表価額	市場価格に基づく価額	取得原価
参照する市場	**自己の取引実績が最も大き**な仮想通貨取引所または仮想通貨販売所	

　では，仮想通貨に今回の時価算定基準は適用されるのでしょうか？
　結論は適用されないこととなりました。時価算定基準の場合，参照する市場は主要な市場または最も有利な市場とされていますが，一方で反証できる場合を除き，**会社が取引を通常行っている市場**が，主要な市場または最も有利な市場と推定されるとしています。だとすると，仮想通貨の現行の取扱いでも実質的には変わらず，時価算定に関する基準を適用する必要性も乏しいと判断されたのです。

仮想通貨が参照する市場とは？

【前提条件】X社は，仮想通貨取引所A～Cを用いており，取引実績は，下記の通りである。時価として参照する市場は，どれになるか？

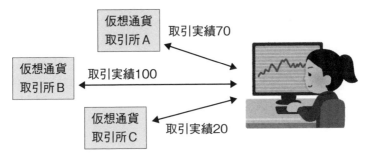

■現行の仮想通貨の会計処理は？

　参照するのは，「自己の取引実績が最も大きな仮想通貨取引所または仮想通貨販売所」である。よって，取引実績が100の仮想通貨取引所Bの市場価格を参照することになる。

■仮に時価算定基準が適用された場合の会計処理は？

　参照するのは，「主要な市場（主要な市場がない場合は最も有利な市場）」。そして，反証できる場合を除き，会社が通常取引を行っている市場が，「主要な市場，または，最も有利な市場」と考えられる（§4－4）。よって，取引実績が100の仮想通貨取引所Bの市場価格を参照することになる。

> 結局，
> 今のままでも同じ結果になりそうだね。
> だから，仮想通貨を時価算定基準の適用範囲にしなくてよいと判断したんだね。

2−5 時価算定基準の適用範囲は④

賃貸等不動産

　賃貸等不動産とは，棚卸資産に分類されている不動産以外のもので，**賃貸収益またはキャピタル・ゲインを得ることを目的として保有している不動産**をいいます。たとえば旧工場跡地に建てた賃貸用テナントビルや財テクで購入した不動産が賃貸等不動産に該当します。自社用に使う本社ビルや工場とは目的がちがうところがポイントです。

　このように目的がちがいますが，我が国の会計基準では，賃貸等不動産は，他の固定資産と同様に，原価ベース（取得原価から減価償却累計額を控除した金額）で計上しています。これは単に賃貸収益を得ることを目的とする不動産の場合，すぐに売買するわけではないので時価評価が適切とも限らず，またキャピタル・ゲイン目的の不動産の場合も，不動産市場が金融商品市場ほど発達していないためです。一方，IFRSと同様（IFRSでは公正価値評価と原価評価が選択でき，原価評価の場合，公正価値情報の注記が必要）に賃貸等不動産の時価を開示すべきとの声があり，時価情報の注記が要求されています。

　この賃貸等不動産の注記の時価は，従来，「賃貸等不動産の時価の開示に関する会計基準の適用指針」に従い，不動産鑑定評価基準による方法または類似の方法に基づいて算定されてきました。これに時価算定基準は適用されるのでしょうか？　結論としては，**適用されないこと**となりました。2つの方法（時価算定基準を適用するか否か）で算定結果が異なる可能性がありますが，注記情報のみで貸借対照表や損益計算書に影響がないこと，また，費用対効果を勘案したためです。

賃貸等不動産等が適用範囲とならなかったわけ

【前提条件】デリバティブ（市場価格なし）と賃貸等不動産等がいずれも，①～③だとする。

　①時価算定基準に従い，算定した時価：150
　②従来の基準に従い，算定した時価：140
　③時価評価調整前の簿価：120
　　①時価算定基準で算定した場合と②従来の基準で算定した場合で，財務諸表に与えるインパクトは，どうなるか?

■ デリバティブ（市場価格なし）の場合：

●貸借対照表価額＝時価ベース

	貸借対照表価額	損益計算書	注記
①時価算定基準で算定	150	（益)※30	150
②従来の基準で算定	140	（益)※20	140
インパクト	10	10	10

※30＝150－120，20＝140－120

本表にも影響が出る。
マズイな……

■ 賃貸等不動産等の場合：

●貸借対照表価額＝原価ベース

	貸借対照表価額	損益計算書	注記
①時価算定基準で算定	120	-	150
②従来の基準で算定	120	-	140
インパクト	-	-	10

賃貸等不動産の場合，
注記にしか影響がないんだね。
だから，賃貸等不動産は
時価算定基準の適用範囲と
ならなかったんだね!

2-6 時価算定基準の適用範囲は⑤

従来，時価または公正な評価額が使われていた他の項目

　たとえば不動産の会計処理において，§2-5まででとりあげてきた項目以外にも，従来も，時価または公正な評価額が使われていました。

　下記のように従来の方法と時価算定基準に従った方法では時価または公正な評価額に乖離が生じる可能性がありますが，実務上の負担と効果を勘案し，時価算定基準の適用範囲外とされました。

時価算定基準と乖離が見込まれる項目	見積方法
固定資産の減損において，回収可能価額が正味売却価額の場合の不動産	「不動産鑑定評価基準」による方法または類似の方法に基づく。重要性が乏しいその他の固定資産は，一定の評価額や適切に市場価格を反映していると考えられる指標を利用可。
退職給付に係る年金資産の不動産の時価	「期末における時価（公正な評価額）により計算する」とのみあり，具体的方法は言及されていない。
企業結合において識別可能資産及び負債の時価を基礎とした取得原価の配分のうち，金融商品以外	固定資産は減損会計適用指針の定めを参照。また，一定の要件を満たす場合，被取得企業の適正な簿価を基礎とする他も認められる。

時価算定基準と会計基準

時価算定基準の適用範囲をまとめると以下になる。

会計基準	時価または公正な評価額を用いる場面	時価算定基準の適用	参照
金融商品会計基準	金融商品を時価評価	◎	§2−2
棚卸資産の評価に関する会計基準※1	トレーディング目的の棚卸資産を時価評価	◎	§2−3
棚卸資産の評価に関する会計基準※1	収益性の低下に係る正味売却価額	−	§2−3
仮想通貨の会計処理等に関する会計基準	活発な市場が存在する仮想通貨	−	§2−4
賃貸等不動産の時価	賃貸等不動産の時価開示	−	§2−5
固定資産の減損	回収可能価額が正味売却価額の場合	−	§2−6
企業結合に関する会計基準	時価を基準に取得原価を配分	※2	§2−6
退職給付に関する会計基準	年金資産の不動産の時価評価	※2	§2−6

※1　棚卸資産の評価に関する会計基準について会計基準内で異なる取扱いとなっている。
※2　金融商品については，時価算定基準の適用範囲。それ以外は適用範囲外。

適用範囲は
意外と
絞られているね！

44

変わる時価〜ダイナミックプライシング〜

「ダイナミックプライシング（Dynamic Pricing）」という言葉はご存じでしょうか？　ダイナミックプライシングとは，需要と供給に応じて商品やサービスの価格を変動させる手法をいいます。

たとえば，スーパーのお惣菜コーナー。昼間に1個100円のコロッケが閉店間際には，半額の50円になることがあります。これは売れ残り対策，つまり，夕飯前のピークの時間帯を過ぎ，需要が低下したコロッケの価格を下げることで需要を生み出そうとしています。このように，需要と供給を「時価」に適時に反映することにより，スーパーにとっては販売ロスが回避できる一方，消費者にとっては安価で商品を買うことができ，双方で合理的な結果が導き出されます。

時期により需要が大きく変動する旅行業界にもダイナミックプライシングが取り入れられています。筆者も以前，LCCのチケットを購入しようとした際，同じ経路でも出発日により価格が違っていたり，同じ便でも別の日に確認すると価格が違っていたりということがありました。

近年では，ITの発達やAIの利用により特にB to C（企業と一般消費者間の取引）の領域でこの「ダイナミックプライシング」の利用が広まっています。

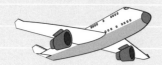

§3

時価算定基準における時価の定義

これまでの日本の慣習では，あれもこれも時価という言葉で表現されてきました。しかし，時価算定基準ができたからにはそうはいきません。時価をより明確に定義づけることにより，日本基準の間ではもちろん，IFRSとの間でも比較が容易になります。

新たな時価の世界へ
行ってみよう！

3-1 時価算定基準における時価とは

時価の定義が見直された!?

　従来の基準では時価はどのように定義されていたのでしょうか。金融商品に関する会計基準では以下のように定義されていました。

> 時価とは公正な評価額をいい，市場において形成されている取引価格，気配又は指標その他の相場（以下「市場価格」という。）に基づく価額をいう。市場価格がない場合には合理的に算定された価額を公正な評価額とする。

　つまり，市場価格に基づく価額とのみ定義されており，これは，棚卸資産の評価に関する会計基準など他の基準でも同様でした。

　一方，時価算定基準では，定義が以下のように見直されています。

> 「時価」とは，算定日において市場参加者間で秩序ある取引が行われると想定した場合の，当該取引における資産の売却によって受け取る価格又は負債の移転のために支払う価格をいう。

　つまり，市場において，資産を売ったときのキャッシュ・イン，負債を移転したときのキャッシュ・アウトが「時価」だと定義しています。市場の取引価格に根ざしている点は，従来の基準と共通しますが，売ったときなどと算定方法が限定されているのは従来にはなかった考え方です。

■時価を決定する要件

市場参加者間で秩序ある取引

市場参加者

資産の売却によって受け取る価格

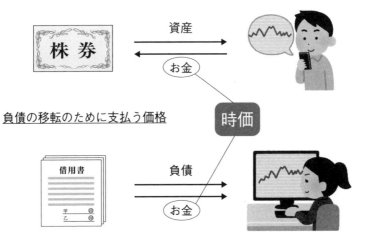

株　券

資産

お金

時価

負債の移転のために支払う価格

借用書

甲

乙

負債

お金

市場における取引をベースにして、
資産の所有者，債務者から
モノが出て行くときの価格（出口価格）が
時価となるんだ！

3-2 時価算定基準における時価の特徴①

対象となる企業に固有なものではない

　時価算定基準における時価は「算定日において市場参加者間で秩序ある取引が行われることを想定した場合」の価格とされ，「市場を基礎としたもの」であり，**「対象となる企業に固有なもの」**ではありません。

　「対象となる企業に固有なもの」とは，減損会計における将来キャッシュ・フローをイメージするとよいでしょう。減損会計においては，企業に固有の事情を反映した合理的で説明可能な仮定および予測に基づいて見積もられた将来キャッシュ・フローを用いて使用価値を算定します。企業固有の販売力，技術力，ブランド力を背景としたキャッシュ・フロー，つまり「我が社だったら，これを使って，これだけお金を生み出せる」を反映したキャッシュ・フローとなります。これは，まさに「企業に固有」といえます。

　対して，時価は，このような「企業に固有」な事情は考慮せず，市場参加者の期待のみが反映された価格です。固定資産を例にすれば，市場参加者は，それを「売る」か「使う」ことで得られるキャッシュ・フローを期待し，価値を算定します。それが時価算定基準でいう時価です。この場合の「使う」つまり使用価値の算定では，市場参加者は不特定多数存在することから，平均的な販売力，技術力，ブランド力を背景としたキャッシュ・フロー，すなわち「平均的な会社だったら，これを使って，このくらいのお金を生み出せる」を反映したキャッシュ・フローが用いられることになります。

企業に固有のものは含めない

■ たとえばある工場の時価にはどのような価格が反映されるか

この工場を「売る」と，いくらお金を得られるか？

この工場を「使う」と，いくらお金を得られるか？

市場参加者

市場参加者が考える売却価値や使用価値，
つまり，**市場を基礎にした価格**

○ 反映させる

工場の時価

× 反映させない

企業に固有な価格（企業固有の使用価値）

企業

使用価値には，我が社の販売力・技術力・ブランド力を反映させます

時価は市場参加者の期待。
対象企業に固有な価格は含まれないんだ。
とすると，減損会計で求める企業に固有な
使用価値は時価ではないんだね。

3-3 時価算定基準における時価の特徴②

出口価格であり，入口価格ではない

時価算定基準において，時価は「取引における資産の売却によって受け取る価格又は負債の移転のために支払う価格」とされています。つまり，資産を売ったときのキャッシュ・イン，負債を移転したときのキャッシュ・アウトという，出口価格での定義となっています。

ここで，**入口価格**と**出口価格**を整理してみましょう。

> **入口価格**：資産を取得するために支払った価格または負債を引き受ける
> ために受け取った価格
> （例）原材料・商品の仕入価格
> **出口価格**：資産の売却によって受け取る価格または負債の移転のために
> 支払う価格
> （例）製品・商品の販売価格

企業が資産を売却する意図がある場合は，「時価＝出口価格」に納得がいくでしょう。しかし事業用資産のように引き続き使用される場合も，「時価＝出口価格」なのです。これは，時価は会社の固有の事情を考慮したものではなく，市場参加者から見た価値（**§3-2**）だからです。使用または売却してどのようにキャッシュを得るかという購入者の期待が反映されているのは，出口価格だからですね。

負債の場合も同様です。市場参加者の期待が反映されているのは，負債の履行に必要となるキャッシュ・フロー，そしてそれに対し提示される価格なのですね。

出口価格であり，入口価格ではない

■入口価格と出口価格の違いは市場の違い

入口価格　　　　　出口価格

"購買市場"の　　　　　"売却市場"の
市場価格　　　　　　　市場価格

■時価をあらわすのは？（資産を例にすると）

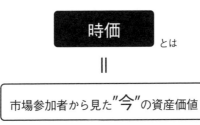

時価　とは

‖

市場参加者から見た"今"の資産価値

‖

"今"売った場合の市場参加者の期待が反映されるのは

‖

出口価格

価格には市場参加者の期待が反映。
"今"の価格＝時価は出口価格だ。

3-4 時価算定基準における 時価の特徴③

同一資産または負債の価格が観察できない場合

　時価は直接観察可能であるかどうかにかかわらず，出口価格に限定されます。同一資産または負債の出口価格が観察できない場合，どのように時価を算定するのでしょうか。

　このような場合，「関連性のある観察可能なインプットを最大限利用し，観察できないインプットの利用を最小限に」して評価技法を用いることになります。つまりは，市場参加者でも入手できる仮定のうち，**市場データに基づいたより客観的な仮定を最大限に利用し，市場データに基づかない仮定は最小限の利用**とします。もちろん，いくら市場データであっても，関連しないものではしょうがないので，**関連性のある仮定**であることも求められます。

　イメージをしやすいように，資産の例としてサツマイモで考えてみます。ねっとりした性質を持つ安納芋の時価を知りたいのですが，価格が観察できません。一方，同じようなねっとりした性質を持つ①紅はるか，同様にねっとりした②クイックスイート，ほくほくした性質の③鳴門金時，イモはイモでもジャガイモの④だんしゃくは価格情報が入手できます。①③④は市場データを基にしてつけられた価格ですが，②は市場がなく近所の農家がこのくらいで売りたいと思いつきで決めた価格です。この場合はどのように安納芋の時価を算定すればいいでしょうか。価格が市場データに基づいて観察可能であり，類似の資産で関連性もあるとすると，①の紅はるかの価格を最大限に利用して安納芋の時価を算定するのが基準に沿った考え方になるのでしょう。

同一資産または負債の価格が観察できない場合

安納芋
（ねっとり）

ねっとりとおいしい安納芋。
この時価を知りたいんだけど，
市場がなく，時価が取れない。
どのように時価を
求めたらいいんだろう。

どのイモの価格が利用できるかな！？

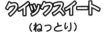

紅はるか
（ねっとり）
市場あり

クイックスイート
（ねっとり）
市場なし

鳴門金時
（ほくほく）
市場あり

だんしゃく
（イモ違い）
市場あり

市場からデータが得られて，かつ，
安納芋と類似のねっとりした性質を持つ
サツマイモは紅はるか。
安納芋の時価を算定するうえで最大限に
利用すべき仮定は紅はるかの価格では
ないでしょうか。
類似の性質でも，クイックスイートは市場がないので，
その価格の利用は最小限にとどめましょう。

観察可能なインプットを最大限，
観察できないインプットを最小限，
に利用することが必要なんだ。

3-5 時価算定基準における 時価の特徴④

仮定に企業の意図は反映しない

　時価算定する際の仮定は，何を用いればよいでしょう。時価は市場参加者の期待ですから，市場参加者が資産または負債に**固有の要素**を考慮する場合は，その要素を仮定として用います。一方で，資産の保有や負債の決済または履行に関する**企業の意図**は反映しません。

　たとえば，資産の時価算定として，P社を親会社とする非上場子会社S1社，上場子会社S2社の株式を例にとりましょう。S1社は非上場であるので，市場参加者はS1社株式の購入を検討するにあたり，そこから得られるキャッシュ・インフローなどに加え，非上場で売却しづらいことから非流動ディスカウントを考慮するかもしれません。そのような場合は，時価算定上もこのディスカウントを考慮する必要があります。

　一方で，上場子会社であるS2社は，ひとたびP社がS2社株式を大量に売り出せば，株価が下がる可能性があります。これを大量保有要因と呼びますが，これはこの株式に固有の要素ではなく，企業の意図によるものであるため，S2社株式の時価算定上は反映してはいけません。

Check! 大量保有要因

　大量保有要因とは，市場参加者が一度に大量の金融商品を売却した場合に生じる当該金融商品の価格の低下を意味します。これは企業がこの金融商品の取引をどのように行うのかの意図に左右されるという点で企業に固有のものであり，資産に固有のものではありません。

企業の意図は反映しない

■P社の非上場子会社S1社株式の時価

この会社は上場会社じゃないから，ちょっと売りづらいよね（非流動性）。ちょっと，ディスカウントかな。

市場参加者　　　　　　　　　　　　　　　　市場参加者

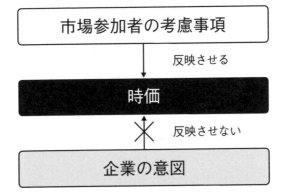

市場参加者の考慮事項

反映させる

時価

反映させない

企業の意図

■P社の上場子会社S2社株式の時価

P社

S2社は我々の子会社，我々の意思決定次第で売却することも可能です。我々が株式売却したら，株式の価格は下がってしまいますよね。この可能性も考慮してディスカウントですかね!?

時価の算定には市場参加者が考慮しているものは反映するものの，企業の意図は反映してはいけないんだ。

COLUMN

「時価」といえば!?

皆さんは「時価」というと何を思い浮かべますか？ 株をやられている方は株価というイメージでしょうか。はたまた，愛社精神あふれる方は，ご自身の会社が保有している有価証券の期末評価を思い出されるでしょうか。

会計の世界に身を置いて8年になりますが，私は「時価」というと，いまだに，おすし屋さんのネタの「時価」を思い出します。幼い頃に連れていってもらったおすし屋さんに「時価」と表示されているネタがありました。祖父に「時価って何？」と聞くと，「魚はとれる量が日によって違うから，その日の仕入によって魚の値段は変わる。特に，希少な魚は大きく値段が変わる。だからあらかじめ値段は決められず，時価にしているんだよ」と説明されたことを思い出します。今思えば，魚市場という市場を基礎にした，まさに「時価」だったのだなと思います。

大人になれば，「時価」と表示されているネタも気にせずに，片っ端から注文できるものと思っていましたが，事前に価格の決まっているお皿が回っているおすし屋さんに，安心感と満足感を覚えている今日この頃です。

§4

時価の算定単位と
算定の前提

時価を算定するに際しては，まず対象となる資産または負債の特徴や管理
状況に注目し，算定単位を判断します。

また算定前に，その前提を確認しておくことも必要です。

§4ではこれについて考えてみましょう。

なぜそのような
処理になるのかを知ると
理解が進むぞ。

4-1 算定単位決定方法の原則は？

金融商品と非金融資産で考え方が異なる

　時価を算定するにあたり，**どういう単位で評価する**かが論点となります。それは対象物が複数の場合，「**バラで評価してから合算した場合**」と「**グループで評価した場合**」で評価額が異なる可能性があるためです。

　この評価単位を「バラ」とするか「グループ」とするかは，時価算定基準では，対象物に適用される会計処理または開示によるとしています。その拠り所となる基準では，金融商品か非金融資産かにより考え方が変わります。

　金融商品の場合，金融商品として以外の使用方法は通常ありません。したがって複数の金融商品を持っている場合も，その価値はバラの価値×数量となります（例外として支配プレミアムがある場合，§6-4参照）。

　非金融資産の場合はそうとは限りません。資産が有機的に一体として結合することで，より多くの資金を生み出す場合があるからです。減損会計で最小のグルーピングを資金生成単位にするのはこのためです。

　では日本基準の場合，算定単位はどうなるのでしょうか。実務を勘案し適用範囲が限定されたため，適用範囲となる非金融資産はトレーディング目的で保有する棚卸資産のみです。トレーディング目的で保有する棚卸資産の時価は市場価格とするとされており，バラで算定することとなります。

　このように現状の日本基準の適用範囲では，資産グループないし負債グループで算定するものは，原則ないと考えられますが，基本となる考え方は理解しておきましょう。

評価単位はバラかグループか？

種類		評価単位	備考
金融商品		評価単位はバラ（株の場合，1株） スッキリ商事 1,000株券 スッキリ商事 1,000株券 例 1株＝500円の場合 2,000株の価値＝500円×2,000＝100万円	一定の条件を満たす場合，評価単位をグループとすることができる例外あり（§4-2参照）。
非金融資産	トレーディング目的で保有する棚卸資産	評価単位はバラ OIL OIL OIL 例 1バレル＝30ドルの場合 5バレルの価値＝30ドル×5＝150ドル	トレーディング目的という性質上，市場価格がある資産が前提となる。
	減損会計	評価単位は**資産グループ** 資産グループが工場の場合 その工場の土地・建物・機械・器具備品等を合わせて評価する。	時価算定基準のベースとしたIFRS第13号では適用範囲だが，日本基準では適用範囲外。

4-2 算定単位決定方法の例外は？

相殺後の正味の資産または負債で管理する金融商品

　時価の算定単位は，原則，対象物の会計処理または開示を定める会計基準によります（§4-1）。つまり金融商品はバラで評価するということです。しかし金融資産及び金融負債をグループで管理する場合において，以下をすべて満たす場合，**リスク相殺後の正味の資産または負債を時価算定単位としてよいという例外**があります。

---

(1) 文書化されたリスク管理戦略または投資戦略に従い，特定の市場リスクまたは特定の取引相手先の信用リスクに関する正味の資産または負債に基づき，管理がなされていること。

(2) それらの金融商品の情報を役員に提供していること。

(3) それらの金融商品を時価評価していること。

(4) 特定の市場リスクに関連する場合：相殺し合う資産および負債の市場リスク，およびリスクにさらされる期間がほぼ同じであること。

(5) 特定の取引相手先の信用リスクに関連する場合：債務不履行発生時の信用リスクのポジションを軽減する既存の取り決めが法的に強制される可能性について，市場参加者の予想を時価に反映すること。

　なお，金融資産と金融負債について一定条件下で純額表示をしてよいというルールがあります（金融商品会計に関する実務指針第140項）が，算定単位決定方法の特例と同義ではありません。

　相殺後の正味の資産または負債を基礎として評価する場合も，純額表示をしない場合は，評価額をそれぞれに配分する必要があります。

例外措置のイメージとは

■特定の市場リスクに関連する例

借入金の金利リスクに対しヘッジをする場合

会社A ①借入れ（固定金利） 銀行B

②金利スワップ契約
（変動金利と固定金利の交換）
（想定元本，期間等は①とほぼ一致）

原則 ①と②をそれぞれ別に時価評価する

例外 「借入金の元本の支払いと変動金利」で時価評価する

■特定の取引相手先の信用リスクに関連する例

取引先とマスターネッティング契約（１つでも約定の不履行，または解除があった場合，契約対象すべての金融商品を純額で決済する契約）を締結している場合

証券会社C マスターネッティング契約 顧客D

複数の債権

複数の債務

原則 すべての債権債務を個別に時価評価する

例外 決済日が同じ債権債務は，信用リスクが軽減される可能性を考慮したうえで，時価評価する

例外的取扱いを選択する場合は，
毎期継続して行うこと，また，
その旨を会計方針に記載することが
求められるよ。

4-3 時価算定の前提①

どのような取引か？

　時価算定基準では，時価が「**いつ・誰が・どのように**」行った取引の価格かを具体的に定めています。

項目	内容	備考
いつ	算定日に	算定日時点で仮に取引を行ったらいくらになるのかという仮説に基づく価格を意味する
誰が	市場参加者（14ページ参照）が	「独立しており」「取引の知識を有し」「取引を行う能力があり」「強制でなく自発的に取引を行う」者
どのように	秩序ある取引（17ページ参照）で	取引の対象物が算定日前に一定期間市場にさらされ，情報が周知されたことを前提とする。強制された取引や投売りは含まない

　「市場参加者」「秩序ある取引」のいずれもが満たされなければ，市場の取引価格であっても，それを時価とすることは適当といえません。

 Check! 　需給の極端なアンバランス≠強制された取引!?

　お金が緊急に必要な場合，需要が供給より低くても，価格を下げ，取引を成立させることもあります。しかしこれだけでは強制された取引といえません。IFRSでは強制された取引の指標として，法律上取引が強制されるとき，情報周知の時間が十分になく資産処分が必要なとき，法的・時間的制約で潜在的買い手が1人のとき等を挙げています。

もし仮定された条件でないと取引価格はどうなるか？

仮定された取引者でないと

■ 取引者が「独立していない」，または，「自発的でなく強制的に取引を行う者」である場合

➡ 公正でない価格で取引がなされる可能性がある

■ 取引者が「取引の知識を有していない」，または，「実行可能性がない」場合

➡ 適切な価格の判断が下せない，または実行不能な可能性がある

仮定された取引状況でないと

■ 情報が周知されていないと……

➡ 投資家が適切な判断を下せず，取引価格に公正な評価が反映されない可能性がある

■ 強制された取引や投売りだと……

➡ 公正な価値より安値で取引される可能性がある

なるほど，
置かれた仮定を満たさないと
取引価格が公正な価値（時価）に
ならない可能性があるんだね！

4-4 時価算定の前提②

利用できる市場は？

　時価算定の対象物に複数の市場がある場合，どの市場での取引価格を参照するかについて，時価算定基準では以下のルールとしています。

状況	参照する市場
主要な市場がある	会社が算定日に利用できる**主要な市場**(注)（最も有利な市場があっても利用不可）
主要な市場がない	会社が算定日に利用できる**最も有利な市場**(注)
観察できる市場がない	理論的な市場

注：「主要な市場」「最も有利な市場」の定義は，15ページ参照。

　「主要な市場」や「最も有利な市場」は，会社が判断するものです。したがって異なる活動を行う会社であれば異なる判断になる可能性があります。同様に市場参加者の仮定も会社により異なる場合があります。
　また，「算定日に利用できる」とありますが，「算定日に売買可能」ということまでは求められていません。たとえば日本の場合，12月31日は取引所の取引は行われていませんが，それは12月末は「利用できない」ということにはなりません。

 Key Word　時価算定基準における市場の概念
　市場は不特定多数の人が取引する取引所だけに限定されません。ディーラー市場，ブローカー市場や相対市場も含まれます。ただし公開されていなければ「観察可能となるインプット」とはなりません。

「主要な市場」「最も有利な市場」の判定はシンプル

IFRSに公正価値測定の基準が導入される際の公開草案では，時価の算定に際しては，「最も有利な市場を参照する」とされていた。

IASB
（IFRSの
審議会）

大多数の会社は，利益または正味資産の最大化を目標にするはず。したがって参照市場としては「最も有利な市場」が合理的です！

しかし，これについて，下記のような意見が出された。

「最も有利な市場」がどこかを判定するには，複数の市場価格を継続的に観察することが前提となる。そのコストを考えると，「最も有利な市場」の効果が失われる！参照するのは「主要な市場」が適切では？

IASB
（IFRSの
審議会）

あ，いや，利用可能な市場のすべての価格を求めろという意図じゃないですよ。

それに，会社が通常取引を行っている市場が「最も有利な市場」で，「主要な市場」でもあると考えています。

公開された公正価値測定の基準では，反証できる場合を除き，会社が取引を通常行っている市場が，「主要な市場」または「最も有利な市場」と推定されるという一文が加えられた。また，まず参照する市場は「主要な市場」とされた。

この考え方はIFRSを踏襲した日本基準でも，採用されている。
結果，「主要な市場」「最も有利な市場」の判定はシンプルにできるね！

4-5 時価算定の前提③

市場参加者の行動基準は？

　時価算定基準では，価格付けを行う市場参加者の行動基準にも仮定をおきます。すなわち，**市場参加者は自らの経済的利益を最大化するように行動する**と推定するのです。つまり市場参加者は，入手可能な全情報を元に取引対象に応じた評価技法で時価を算定し，取引価格と自分が算定した時価を比較し，利益が最大になるよう行動するということです。

　対象物によっては，算定日現在の相場価格の情報を提供する市場がない場合もあるでしょう。しかしその場合も，市場参加者の観点を考慮して，算定日に生じる取引を仮定します。

　市場参加者を想定するにあたっては，潜在的市場参加者を特定する必要があります。といっても具体的な市場参加者を特定するのではありません。市場参加者の特徴，たとえば開かれた市場に参加する不特定多数の一般投資家か，参加者が限られる市場のプロ投資家かといったことを特定するのです。これには，「どのような資産または負債か」「どの市場で取引されるか」「その市場で報告事業体はどのような市場参加者と取引するか」といったことを勘案します。

 Key Word　経済的利益を最大化するような行動とは

　資産を売却するのであれば，これにより得られる収入が最大の相手に売却すると仮定します。仮に提示された価格が，自分が算定した時価に満たないなら，取引に応じません。なぜなら，市場参加者は強制的にではなく自発的に取引を行い，投売りはしないからです。

市場参加者の観点を考慮するとは？

「会社の観点」ではなく，「市場参加者の観点」を
考慮した価格にピンとこない人もいるのでは？
ケインズの「美人投票理論」がヒントになるぞ！

■美人投票理論（経済学者J.M.ケインズ）
　100枚の写真から最も美しい女性6人を選び，その選択が投票者全体
の平均的な好みに近いと賞品が与えられるという投票があるとする。
　このルール下で勝つには，「自分が最も美しいと思う女性」を選ぶので
はなく，「平均的に美人と思われる女性」を選ばなければならない。
　玄人の投資家が行う投資はこれと同じようなものであり，市場参加者
（＝投票者）が値上がりすると考えるであろう銘柄（＝平均的美人）
を選ぶことが有効な投資方法である。

■時価の算定に当てはめると……
　資産Aを評価する際，報告事業体がくだした価値（100円）はベー
スにせず，自身が想定する市場参加者がくだす価値の平均値（98
円）を推定し，それをベースにするということ。

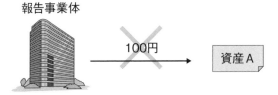

報告事業体

100円 → 資産A

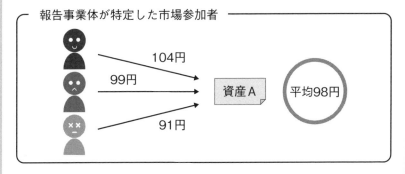

報告事業体が特定した市場参加者

104円 →
99円 →
91円 →
資産A
平均98円

4-6 時価算定の前提④

考慮すべき資産または負債の特性とは？

　時価の算定にあたっては，「算定日に市場参加者が考慮する**資産または負債の特性**」を考慮すべきとされています。ではこの特性とはどんなものなのでしょうか。たとえば以下のようなものがあります。

項目	その他の条件	特性になるか
資産・負債の所在地	現物資産	なる
	現物資産以外（先物取引等）	ならない
資産の売却や使用に係る制約	制約が資産に固有のものである	なる
	制約が資産に固有のものでない	ならない

　所在地が問題となるのは，現物取引の場合です。たとえば大豆の場合，会社が保有する場所から市場までは輸送が必要となります。仮に市場で100円で売れても輸送費が10円かかれば正味の収入は90円です。したがって現物取引の場合，所在地は資産の特性となります。

　資産の売却や使用に係る制約が特性になる場合もあります。たとえば上場株式は一般に売買が自由ですが，一定条件下で特定期間，譲渡制限がかかる場合があります。その場合，換金できないだけではなく，株価変動があっても売買できないリスクがあり，不利です。

　資産または負債にこういった特性がある場合，市場関係者はこれを織り込んで時価算定するでしょう。大豆なら輸送費分を，譲渡制限期間のある株式なら不利に見合った価格をディスカウントするでしょう。資産または負債の特性の考慮が必要なのはこのためです。

資産または負債の特性と時価の関係

【ケース1】主要な市場が東京である大豆。算定日の取引価格は44円/kg。

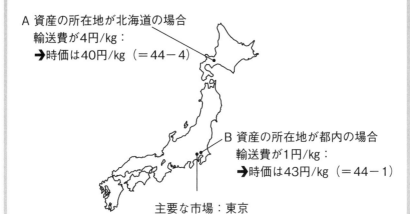

A 資産の所在地が北海道の場合
　輸送費が4円/kg：
　➡時価は40円/kg（＝44－4）

B 資産の所在地が都内の場合
　輸送費が1円/kg：
　➡時価は43円/kg（＝44－1）

主要な市場：東京

【ケース2】上場会社Aの株式の算定日の取引価格は100株で30万円。B社は，向こう3年間譲渡制限がかかった同じ株式を500株保有している。

譲渡制限がある3年間は

換金したくても,売れない　　値上がりしても,売れない　　値下がりしても,売れない

お金ないのに…　　機会損失…　　売り逃げしたいのに…

➡譲渡制限がない場合の時価は，150万円（＝30万円×（500÷100））になるが，譲渡制限がある場合は，上記のような不利に相当する額がディスカウントされる。

4-7 時価算定の前提⑤

輸送費用と取引費用

　時価算定に際し，対象となる資産または負債の特性について考慮が必要です（§4-6）。特性にはいろいろなものがありますが，たとえば所在地が資産の特性である場合，時価から**輸送費用**を控除した額が時価のベースとなります。これに対し，取引手数料などの**取引費用**は時価から控除しません。取引費用は資産の特性ではないためです。

　しかしいずれの費用も正味の受取額または支払額に影響を及ぼします。そこで「**最も有利な市場**」の判定に際しては，双方が考慮されます。すなわち最も有利か否かは，輸送費用も取引費用も勘案した後の金額で判定されるのです（15ページ参照）。

　時価算定の際と最も有利な市場の判定の際で**取引費用の取扱いが異なる**ので注意が必要ですね。

	輸送費用	取引費用
時価算定の際	考慮する	考慮しない
最も有利な市場の判定の際	考慮する	考慮する

 Key Word　取引費用とは

　取引費用とは，算定対象の資産を市場で売却し，または算定対象の負債を市場で移転するための追加的直接費用です。取引の特性であり，また会社によっても異なるため，時価には含めないことになっています。輸送費用も追加的直接費用ですが，取引費用には含めません。

「最も有利な市場」の判断と時価

【前提条件】X社は，トレーディング目的で保有する棚卸資産Yにつき，2つの活発な市場において異なる価格で取引を行っている。決算日における各市場での取引価格等は以下の通り。この条件下で，「(1) 輸出市場が棚卸資産Yの主要な市場と判断した場合」「(2) いずれの市場も棚卸資産Yの主要な市場ではない場合」の時価はいくらになるか。

(単位：百万円)

	輸出市場	国内市場
売却価格　（①）	50	45
輸送費用　（②）	5	1
上記差引　（①－②）	45	44
取引費用　（③）	4	2
上記差引　（①－②－③）	41	42

(1) 輸出市場が棚卸資産Yの主要な市場と判断した場合
　　時価：45百万円（＝50－5）
　　棚卸資産Yの時価は，主要な市場である輸出市場の時価となる。これに取引費用は調整しないが，棚卸資産Yは現物商品であり所在地は商品の特性と判断し，輸送費用は調整する。

(2) いずれの市場も棚卸資産Yの主要な市場ではない場合
　　時価：44百万円（＝45－1）
　　最も有利な市場における時価が棚卸資産の時価となる。
　　最も有利な市場とは，売却による受取額（輸送費用及び取引費用調整後）が最大となる市場である。受取額は輸出市場が41，国内市場が42となるため，最も有利な市場は国内市場と判断される。棚卸資産Yの時価は，国内市場の売却価格に輸送費用を調整した金額44となる。

> 「最も有利な市場の判定」と，「時価の算定」では，調整項目が異なるのでまちがえないようにね！

時価算定の前提⑥

取引日でも「取引価格＝時価」とならない場合とは？

　取引価格は入口価格であり，時価は出口価格のため，両者は必ずしも一致しません（**§3-3**）。

	取引価格	時価
資産の場合	取得のために支払った価格	売却で得る価格
負債の場合	引受のために得た価格	移転で支払う価格

　「取得と売却」「引受と移転」の間に時が経過しているのですから，両者が一致しなくても当然です。しかし取引日（資産取得または負債引受時）でも，両者が一致しない場合があります。以下のような場合です。

---

(1)　関連当事者間の取引の場合

(2)　他から強制された取引，または，売手がその取引価格を受け入れざるをえない場合

(3)　取引価格を表す単位が，時価を算定する資産または負債の単位と異なる場合

(4)　取引が行われた市場が，主要な市場または最も有利な市場と異なる場合

　取引日において取引価格と時価が乖離する（差額が生じる）場合，その差額を損益として認識するか繰り延べるかは，時価算定基準では定めていません。対象となる資産または負債の会計処理を取り扱う基準に従うことになります。

取引日でも取引価格＝時価とならない場合

【ケース1】会社が複数の市場を利用している場合

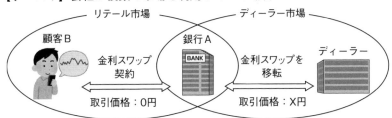

銀行Aはリテール市場だけでなくディーラー市場でも取引をしている。この場合に，ディーラー市場を主要な市場とするなら，時価はX円となり，リテール市場の取引価格と乖離する。

【ケース2】建設協力金

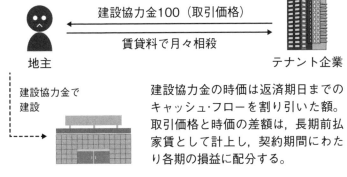

建設協力金の時価は返済期日までのキャッシュ・フローを割り引いた額。取引価格と時価の差額は，長期前払家賃として計上し，契約期間にわたり各期の損益に配分する。

【ケース3】他社株転換社債で株式を得た場合

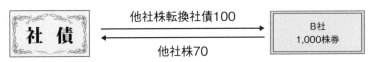

他社株転換社債とは，償還日までの株価の変動によって，金銭による償還でなく，発行者と異なる会社の株式が償還されるもの。他社株式による償還の場合は，その株式の取得価額は償還時の時価となり，他社株転換社債との差額（この場合30）は損益として認識する。

リアルな人間の非合理的経済行動とは？

　時価算定基準では，市場参加者が自らの経済的利益を最大化するように行動すると仮定します。人間が経済的合理性を追求するはずという仮定は，経済学の完全競争市場における考え方です。経済事象を分析・説明するにあたっては，こういったモデルを置くことが必要ですが，リアルな人間の行動は，必ずしも経済合理性に従うとは限りません。

　たとえばしっかり者のAさん。いつもチラシに目を通し，通常200円の卵が50円安いと知れば，少し遠い店にも足を運びます。

　そんなAさんがある日液晶テレビを買いに行きました。すでに下見をし買う予定のテレビは30万円。ところが店の前で駅向こうの店の人からチラシを受け取ります。買う予定と同じ型のテレビが29万9950円。しかしAさんは50円節約のために足を伸ばすことなく，その店でテレビを買いました。

　卵もテレビも割引額は同じ50円。しかし「200円の卵が50円安い」場合と，「30万円のテレビが50円安い」場合では，価値が違うと感じてしまったのです。リアルな人間の非合理的経済行動の1つですね。

このように
人間の心理にも焦点を当てた
経済学を行動経済学と
いうんだって！

§5

時価算定の評価技法

§5では，時価算定の評価技法，また，具体的な算定方法を紹介します。マーケットでの取引がない場合も，「市場参加者の観点」に立つことにより，「市場参加者間で秩序ある取引が行われると想定した場合」の価格を算定することができます。

市場参加者の
思考回路を
想像してみて！

5-1 時価算定の評価技法

十分なデータが利用できる評価技法を用いるとは？

　時価算定の単位や前提を確認できたら，次は時価算定に用いる**評価技法**を決めることになります。技法の選定は，「**十分なデータが利用できる評価技法**」を用いるとされています。どういうことでしょうか？

　料理で考えてみましょう。料理の場合は，技法は調理法，データは食材でしょう。たとえば久しぶりに友人が訪ねてくるとします。新鮮なヒラメが手に入ったので，刺身として出しました。しかし，もし予定が変わり，到着が翌日になったらどうでしょうか。昨日のヒラメを刺身で出すのはちょっと心配です。そこで煮付けにして出すことにしました。もし来訪が突然，しかも夜ということであれば，用意ができておらず，冷凍食品をチンして出すといった対応になるかもしれません。

　時価算定の場合も同様です。評価技法は大きく3つありますが，使用するデータは異なります。状況に応じ，入手できるデータを把握したうえで，どの評価技法を用いるかを判断することが求められます。

評価技法	内容
マーケット・アプローチ	同一または類似の資産・負債に関する市場取引による価格等をインプットに用いる評価技法
インカム・アプローチ	利益やキャッシュ・フロー等，将来の金額に関する現在の市場の期待を割引現在価値で示す評価技法
コスト・アプローチ	資産の用役能力を再調達するために現在必要な金額に基づく評価技法

入手できるデータと評価技法はマッチするか？

料理の場合と同様で，時価は，入手できるデータと評価技法がマッチしないと算定できない。

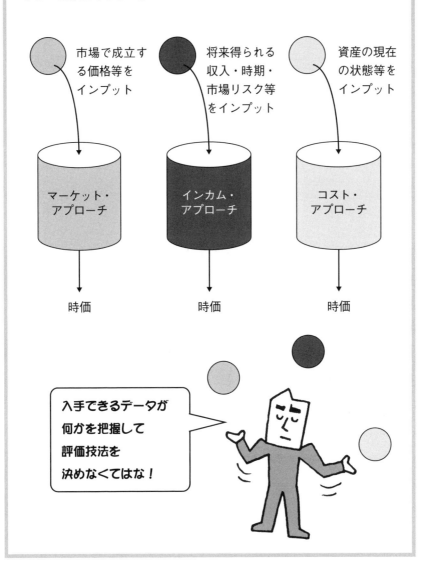

5-2 評価技法の留意事項

インプットの利用にはルールがある

　評価技法を用いるにあたっては，**観察可能なインプットを最大限利用**し，**観察できないインプットの利用を最小限**にすることが求められます。

　では「観察可能なインプット」と「観察できないインプット」は，何がちがうのでしょうか。それは用いるデータです。観察可能なインプットは，「報告事業体から独立した情報ソースから入手できる市場データ」に裏付けられた仮定です。そうでない仮定は観察できないインプットということになります。

　観察できないインプットの中には，報告事業体でないと入手できないデータ（内部データなど）があります。内部データを用いて算定した結果は，それはそれで意味のある値となるかもしれませんが，時価は，市場参加者が取引に当たり算定することを想定したものです。そこでこうしたデータを用いる際は，内部データや企業に固有のシナジー効果等は市場参加者が知りえないこと，市場参加者が仮定に用いるデータと異なること等を勘案し，適宜調整することが必要です。

「観察可能」と「観察できない」の境目は?

両者のいずれか迷った場合は,「報告事業体から独立した情報ソースから入手できる市場データ」か否かで考えるとよい。

A X社の新株予約権の時価算定に参照するX社の普通株の相場価格

B 活発でない市場の相場価格

コース名	売り気配	買い気配
スッキリカントリー倶楽部	25	20

C 補間法で求めた近似値
※ 当日, 30日後, 60日後のデータがあり, 45日後を算定する場合

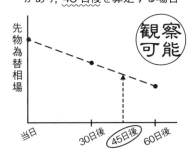

D 補外法で求めた近似値
※ 1年後, 2年後のデータを基に, 4年後を算定する場合

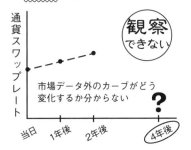

E 会社の内部データ
例 のれんを算定するために用いた買収先のブランド力、顧客リスト等

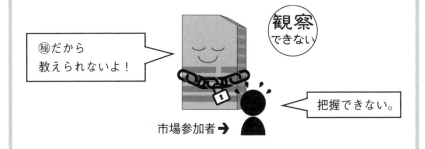

5-3 評価技法は継続適用が求められる

変更する場合は会計上の見積りの変更になる

　時価とは，算定日において市場参加者間で秩序ある取引が行われると想定した場合の取引価格です。つまり，**時価は会計上の見積りに該当し**，**評価技法は見積方法**になります。したがって，どの評価技法を用いるか，また複数の評価技法を用いる場合のそのウェイト付けや，評価技法への調整は，**毎期継続適用**しなければなりません。

　しかし合理的な方法で見積りを行っていた場合でも，その後，新たな事実が発生したり，新たな情報が入手可能になったりすれば，見積りの変更が必要になる場合があります。時価算定の場合においては，たとえば以下のような場合が考えられます。

---

(1)　新しい市場が出現すること
(2)　新しい情報が利用可能になること
(3)　これまで使用していた情報が利用できなくなること
(4)　評価技法が向上すること
(5)　市場の状況が変化すること

　評価技法の変更は，会計上の見積りの変更になります。そこでこれを変更する場合は年度末の連結財務諸表または個別財務諸表において，変更の旨および変更の理由を注記することが求められます。

評価技法についての留意事項

評価技法は，見積方法。したがって評価技法等の変更の取扱いは，「会計上の開示，会計上の変更及び誤謬の訂正に関する会計基準」の「会計上の見積りの変更」に従う。

■評価技法等の変更は……
　【例】前期に評価技法 A で時価を算定した場合において

　当期に評価技法 B で時価を算定するのは……

　左ページで示したような**合理的な理由がある場合を除き**，認められない。

評価技法を変えた場合は
財務諸表に
「会計上の見積りの変更」を
注記しないといけないね！

現在価値技法とは①

5-4

今の100万円は1年後の100万円より価値がある！

お金の価値は時間により変わります。たとえば，通常，今の100万円は1年後の100万円より価値があります。今100万円もらうと，1年後に100万円もらうのを選べるとすれば，誰もが今100万円もらう方を選ぶでしょう。なぜ今の100万円を選択するのでしょうか。

理由の1つとしてお金の時間的価値があります。もし今，100万円もらえば定期預金にして利子をもらうことができます。仮に利率が1％とすると1年後には101万円に……1年後に100万円もらうより得ということは明白ですね。

もう1つの理由が不確実性です。1年後に相手の気が変わるかもしれませんし，懐具合が変わってもらえなくなってしまうかもしれません。つまり，将来になるほど，物事の不確実性が増していくのです。

今の100万円が1年後の100万円より価値があることがわかったところで，今の100万円は1年後のいくらと等価なのでしょうか？　先ほどの定期預金の例で考える（1％で計算する）と，以下のようになります。

$$1,000,000円 \xrightarrow{1,000,000 \times (1+0.01)} 1,010,000円$$

つまり「現在の元本」は「1年後の元本＋利子」と等価ということです。これを逆に考えると，将来の金額を現在の金額に置き直すことができます。

現在価値は割り算で求める

Step1 固定利率1％の1年ものの定期預金の満期の元本と利息の額が1,000,000円だった。元本はいくらだったか。

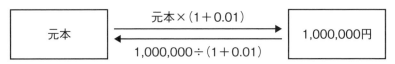

元本（預け入れ時の現在価値）は，990,099円

元本に（1＋利率）で1年後の金額だから，
1年後の金額を（1＋利率）で割ればいいんだね。

Step2 固定利率1％の定期預金が2年後に100万円になっていた。預け入れ時の現在価値はいくらだったか。

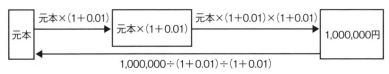

預け入れ時の現在価値は，980,296円

Step3 固定利率1％の定期預金がX年後に100万円になっていた。預け入れ時の現在価値はいくらだったか。

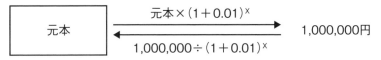

↑ 預け入れ時の現在価値

どのタイミングでキャッシュ・フローがあったか（X年後）と
利率がわかれば，現在価値が計算できるんだね！

84

5−5 現在価値技法とは②

算定にはどんな要素が必要か？

　§5-4のように，将来の金額に関する現在の市場の期待を割り引いて時価を求める方法を**現在価値技法**といいます。では現在価値技法には何が必要でしょうか。今回，日本で導入される時価算定基準では適用範囲外ですが，投資用不動産で考えてみましょう。

要素	具体例
①将来キャッシュ・フローの見積り	家賃や経費の金額や時期。
②将来キャッシュ・フローの金額や時期の変動可能性の予想	空室率，家賃や経費の変動（金額および時期）可能性の予想。
③リスク・プレミアム	キャッシュ・フローに固有の不確実性を負担するための対価。
④貨幣の時間価値（リスクフリーレート）	無リスク投資の利回り。日本円の場合は，たとえば日本国債の利回り。

　そして忘れてはならないのが，**誰の観点**かということです。時価は市場参加者間で行われる取引が想定されています。したがって，市場参加者の観点に立ち，その状況において市場参加者が考慮に入れるだろう要素があれば，考慮します。

　なお，負債の場合には，負債の不履行リスクも考慮に入れます。これについては，§7-3で説明します。

現在価値技法を行うのに必要な要素とは？

■たとえば，投資用不動産で考えると……？

①家賃収入－経費（額および時期）の見積り

家賃収入

経費

②空室率，家賃・経費（金額・時期）の変動可能性の予想

家賃減少？

経費増加？

③リスク・プレミアム

この地区は，消滅可能性都市と
いわれるほど人口減少率が高いからな。
空室率が高くなるリスクに対して
値段を下げてもらわないとな……

④貨幣の時間価値

今年もらう家賃と来年もらう家賃，
5年後にもらう家賃なら，
同じ金額でも，価値がちがうからね！

5－6	現在価値技法の種類①

リスクの調整方法は２つある

　現在価値技法でのリスクの調整方法には，リスクを割引率に反映させる方法と，将来キャッシュ・フローに反映させる方法があります。この際，注意すべきは，リスク要因の影響を二重に計算しない，または，影響が除かれないようにすることです。つまり，**割引率と将来キャッシュ・フローのいずれかにだけリスクを反映する**ということです。

割引率	将来キャッシュ・フロー	技法例
リスク調整**後**	リスク調整**なし**	割引率調整法 期待現在価値法（リスク調整法）
リスク調整**なし**（リスクフリーレート）	リスク調整**後**	期待現在価値法（確実性等価法）

　約定で利回りが定められている場合も，それをそのまま割引率として使えるとは限りません。利率に当初の貨幣の時間的価値とその資産または負債の不確実性が反映されているとしても，時間経過とともにそれらは変動するからです。用いるべき割引率は，測定日時点の貨幣の時間的価値と資産または負債の不確実性が反映された利回りです。

　将来キャッシュ・フローは，契約がある場合はそれを使えるかもしれませんが，ない場合は見積もるところから始めなければなりません。これには，最も確率が高いキャッシュ・フローを用いる方法と，キャッシュ・フローの期待値を用いる方法があります（**§5-7**）。

キャッシュ・フローが約定されている場合

【前提条件】　1年後に1,000万円を受け取る金融資産Aは，非上場で期末日時点の取引価格もリスク・プレミアムも観察できない。そこで，現在売り出し中の金融資産BとC（格付や商品内容，非上場である点等，類似する）の利回りを参照し，現在価値技法で時価を算定することにした。両者の条件は以下の通り。

　　B：1年後に1,300万円を受け取れ，売出価格は1,250万円
　　C：2年後に1,500万円を受け取れ，売出価格は1,375万円

Q1　金融資産B, Cの利回りは，それぞれいくらか？

A1　金融資産B：4.000%　（＝1,300万÷1,250万−1）
　　　金融資産C：4.447%　（＝（1,500万÷1,375万）$^{1/2}$−1）

現在の時価を x，n 年後の受取価格を y，利回りを r とすると $y = x(1+r)^n$ となる。この式を変形すると，$r = (y \div x)^{1/n} - 1$ となる。

Q2　金融資産Aの時価はいくらになるか？

A2　他の条件が同じなら，受取時期が金融資産Aと同じ1年後の金融資産Bのほうが，受取時期が2年後の金融資産Cより，比較可能性が高いと判断される。割引率を4,000%とすると，金融資産Aの時価は962万円（＝1,000万円÷1.04）となる。

時価算定対象と性質が類似するものの利回りを参照する。たとえばキャッシュ・フローの性質（契約で定められているか，経済状況で変動しているか等），信用度，担保の有無，デュレーション（投資の平均回収年数），制限条項等。

このように1通りのキャッシュ・フローとリスク調整後の割引率を用いる現在価値技法を割引率調整法というんだ！

現在価値技法の種類②

キャッシュ・フローの見積りに期待値を用いる場合

　将来キャッシュ・フローが経済状況により変動するタイプの資産や負債の場合，キャッシュ・フローの見積り方には**２通りの方法**があります。A 最も可能性が高いと考えられるキャッシュ・フローを選ぶ方法と，B 期待値でキャッシュ・フローを求める方法です。

【期待キャッシュ・フローの見積り例】

生じ得るキャッシュ・フロー①	確率②	①×②
300百万円	20%	60百万円
400百万円	50%	200百万円
500百万円	30%	150百万円
期待値		410百万円

A　最も可能性が高いと考えられるキャッシュ・フローを選ぶ方法：400百万円

B　期待値でキャッシュ・フローを求める方法：410百万円

　Aの方法をとった場合は，**§5-6**と同様にリスク調整後の割引率を用いることで時価を算定できます。Bの方法をとった場合は，リスクを期待キャッシュ・フローに反映する方法（期待現在価値法／確実性等価法）と割引率に反映する方法（期待現在価値法／リスク調整法）の２通りあります。具体的にどのように算定するか見てみましょう。

期待値でキャッシュ・フローを求めた場合

【前提条件】左ページの期待キャッシュ・フローは，資産Xの１年後のものである。期間1年のリスクフリーレートは1%，資産Xと同じリスク・プロファイル（リスクの特徴）を有する資産に対して，市場参加者が要求するリスク・プレミアムは4%である。

Q1 リスクを期待キャッシュ・フローに反映させる方法で，時価を算定するとどうなるか。

A1 期待キャッシュ・フローに関するリスク調整額：
15.6百万円（＝410百万円－410百万円×$\frac{1+0.01}{1+0.01+0.04}$）
リスク調整後の期待キャッシュ・フロー：394.4百万円（＝410－15.6）
時価：390.5百万円（＝394.4÷（1+0.01））

Q2 リスクを割引率に反映させる方法で，時価を算定するとどうなるか。

A2 期待キャッシュ・フロー：410 百万円
用いる割引率：5%（1%＋4%）
時価：390.5 百万円（＝410÷（1+0.05））

リスクを期待キャッシュ・フローに反映させようと，割引率に反映させようと，理論上は同じ。結果も同じになるんだね。

COLUMN

心の割引率とダイエットの深〜い関係とは？

　心理学で報酬というと，お金だけでなく賞賛やおいしいものを食べるといった「心地よさ」も報酬となります。そして人は「将来の報酬」より「今の報酬」に大きな価値を感じるのだそうです。まあいわば，心にも割引率があり，「将来の報酬」を今に置き換えると，減ってしまうのです。

　ここで二人の女性がダイエットに取り組んでいるとします。二人とも「おいしい」「（やせて）ほめられる」に同じ心地よさを感じますが，心の割引率はAさんが5％，Bさんが10％と異なるとします。すると，ダイエットを続ける場合と，食べてしまう場合の報酬の割引現在価値は以下のようになります。

	ケース	今の報酬	将来の報酬	割引現在価値
Aさん 割引率：5％	ダイエットを続ける場合	0	100	95.2
	食べてしまう場合	100	0	100.0
Bさん 割引率：10％	ダイエットを続ける場合	0	100	90.9
	食べてしまう場合	100	0	100.0

　まず見てとれるのが，二人とも食べてしまう場合のほうが，割引現在価値が大きい（心地いい）んですね。つまり「おいしい」と「ほめられる」が等価値だと，まず，ダイエットは成功しがたいということです。さらに割引率が高い（意志ではない）BさんはAさんより，ダイエットを続けることの心地よさが低い（つらい）んです。

　そう，ダイエットに失敗するのは，意志が弱いからではないんです。心の割引率のせいなんですよ(^_^;)。

§6

時価算定に用いる仮定

市場参加者が資産・負債の時価を算定する際に用いる仮定のことをインプットといいます。

§6では，具体的なインプットの例を挙げながら，インプットのレベルと時価のレベルについて説明します。

具体的な事例を
イメージしながら
進めていきましょう

6-1 インプットのレベル①

インプットは3つのレベルに分けられる

　市場参加者が資産または負債の時価を算定する際に用いる仮定を**イン
プット**と呼びます（18ページ参照）。英和辞典で「input」を調べると，
「入力」や「投入」を意味するとされており，その対義語は「output」
です。インプットの意味を理解するにあたっては，時価がアウトプット
であると考えるとイメージしやすいでしょう。すなわち，インプットと
は，アウトプットである時価を算出するにあたって，評価モデル等の算
式に入力・投入するものであるといえます。

　具体的には，株価や金利などがインプットの代表例です。株価や金利
を使用して，金融商品の時価を算定する場面を想像してみてください。

　このインプットに関しては，情報としての客観性が高いインプットも
あれば，劣るものもあります。たとえば，東京証券取引所において活発
に売買されている銘柄の株価については，客観性が高く，インプットと
しての精度は非常に高いといえます。他方で，投資先企業の将来キャッ
シュ・フローの見積結果については，評価者によるばらつきが生じるた
め，客観性の高い数値を算出することができません。そこで，インプッ
トには，その精度に応じて，高いものから順にレベル1からレベル3ま
で設けられており，その特性に応じていずれかに分類されます。

時価の算定に係る全体像

(例)	(例)
株価	マーケット・アプローチ
金利	インカム・アプローチ
ボラティリティ	コスト・アプローチ
為替相場	
商品価格	
⋮	

この章では，時価を算定する際に用いる仮定であるインプットについて解説するよ。

6-2 インプットのレベル②

インプットの分類にあたっては，さまざまな検討事項がある

　インプットのレベル別分類にあたっては，まず，**インプットの観察可能性**について理解しなければなりません。インプットは，観察可能なインプットと観察できないインプットの2つに大別されますが，両者の違いは，市場データによって裏付けることができるかどうかにあります。市場データに裏付けられているインプットであれば，客観性が高く，容易に入手可能であるという特性を有しており，これを観察可能なインプットと呼びます。一方で，市場データに裏付けられていないインプットは，算出や見積りの過程を伴うものであり，客観性が高くないのが通常で，これを観察できないインプットと呼びます。観察可能性は，インプットをレベル分けする際の1つの検討材料となります。

　また，市場データに裏付けられている場合であっても，その銘柄が市場で活発に取引されているかどうかによって，客観性は異なります。取引量が少なく，継続的に価格情報を把握できない場合には，そこから把握できる相場価格が時価を適切に表していないこともあるからです。このため，活発な市場が存在するかどうかも，インプットのレベル分けの1つの検討材料となります。

　さらに，相場価格を利用する場合であっても，同一の資産・負債に関する相場価格のほうが，類似の資産・負債に関する相場価格よりも客観性が高いといえます。つまり，参照する相場価格が同一の資産・負債であるか類似の資産・負債であるかについても，インプットのレベル分けの1つの検討材料となります。

インプットの分類

インプットのレベル別定義

インプットの分類	定義
レベル1のインプット	時価の算定日において，企業が入手できる活発な市場における同一の資産または負債に関する相場価格であり調整されていないもの（§6－5）
レベル2のインプット	資産または負債について直接または間接的に観察可能なインプットのうち，レベル1のインプット以外のインプット（§6－7）
レベル3のインプット	資産または負債について観察できないインプット（§6－8）

インプットの分類にあたっての検討要素

インプットの分類	観察可能か？	相場価格か？	他の検討要素	
レベル1	観察可能	相場価格	活発な市場	同一の資産・負債
レベル2	観察可能	相場価格	活発な市場	類似の資産・負債
レベル2	観察可能	相場価格	活発でない市場	
レベル2	観察可能	相場価格以外	市場データそのまま	
レベル2	観察可能	相場価格以外	市場データをもとに相関関係から算出	
レベル3	観察不能	相場価格以外	市場参加者の仮定を反映	

抽象的な記述については，
それぞれの要素に分解して
検討してみよう！

6-3 インプットの優先順位

レベル1のインプットが最も優先順位が高い

　インプットを評価技法に投入して時価を算定することになりますが，通常，インプットには複数の候補が存在します。たとえば，ある金融資産の時価を算定する際のインプットとしては，①その銘柄の相場価格，②類似銘柄の相場価格，③将来において予測されるキャッシュ・フローなどが考えられます。しかし，任意にインプットを選択できると，それを利用して算出される時価の比較可能性が損なわれてしまいます。

　そこで，**インプットには優先順位**が設けられています。具体的には，時価の算定にあたっては，レベル1のインプットが最も優先順位が高く，レベル3のインプットが最も優先順位が低いとされています。つまり，レベル1とレベル2のインプットが利用可能である場合にはレベル1のインプットを，レベル2とレベル3のインプットが利用可能である場合にはレベル2のインプットを利用して時価を算定することになります。

　各レベルのインプットにどのようなものが該当するかについては，§6-5，§6-7，§6-8で紹介します。

 Check! インプットのレベルは変化することがある

　インプットのレベルは，期中に変化する可能性があります。期首時点では市場で活発に売買されていた銘柄が，期中に何らかの要因で取引量が減少することもあるからです。このため，過去に決定したインプットのレベルに変化がないかどうかは，随時確認しておかなければなりません。

レベル1のインプットを優先する

（例）債券Aの時価を算定するにあたって，以下の3通りの方法が考えられるとする。この場合，最も優先順位の高いレベル1のインプットを利用する時価算定方法①を採用することになる。

時価算定方法①

債券Aの相場価格をインプットとする方法

時価算定方法②

類似する債券Bの相場価格をインプットとする方法

時価算定方法③

債券Aから生じると見込まれる将来キャッシュ・フローをインプットとする方法

6-4 インプットと調整

インプットの調整が必要な場合がある

　時価算定の際，原則的には相場価格を調整しませんが，**相場価格をそのまま利用することが適切ではない場合**もあります。たとえば，支配プレミアムが存在する場合です。支配権が生じる株式数を持つ株主は，取締役の選任・解任を通じて会社を支配することが可能で，事業の方針や配当を決定することで，少数株主よりも投資を優位に回収できます。このため，支配権獲得のために，買手は追加的な金額（支配プレミアム）を支払うことがあります。この支配プレミアムは相場価格に反映されておらず，時価の算定時に調整する場合があります。

　また，市場における流通量が著しく低下している場合には，相場価格が時価を適切に表していないと判断することもあります。なぜなら，このような資産には，流動性リスクという固有の不確実性があるので，市場参加者は追加的なリスクプレミアムを要求するはずだからです。

　ただし，どのような場合にも調整が認められているわけではなく，**調整できるのは，前述の支配プレミアムやリスク・プレミアムのように資産・負債に固有の特性が存在する場合**のみです。一方で，**企業の保有状況による特性**に係る調整は認められません。たとえば，市場における通常の日次取引高では売却できないほど大量の金融商品を保有している場合です。この状況で大量の持ち高を売却すると，相場価格よりも低い価格での売却となりますが，価格を調整することはできません。時価の算定にあたっては，資産の保有に関する企業の意図を反映しないという基本的な考え方をとっているからです。

インプットに対する調整

企業の保有状況による特性を反映するために，相場価格である961円よりも低い価格を時価とするような調整は認められていない。

A社

X社株式
100万株

株式市場 終値961円

売注文	X社株式	買注文
2,000株	964円	
5,000株	963円	
12,000株	962円	
	961円	10,000株
	960円	4,000株
	959円	3,000株
	958円	1,000株

A社はX社株式を大量に保有しており，保有する全株式を売りに出すと961円より低い価格で値が付きそうだね。
だけど，これはX社株式に固有の特性ではなく，A社の保有状況による特性なので，時価には反映させないんだ！

6-5 レベル1のインプット

レベル1のインプットにはさまざまな要件がある

　レベル1のインプットには，以下のような4つの要件が内包されています。

①活発な市場であること

　継続的に価格情報が提供される程度に十分な数量および頻度で取引が行われている市場とはいえない場合には，そこでの相場価格はレベル1のインプットとして分類することができません。この場合，レベル2のインプットと判定します。

②同一の資産・負債であること

　同一の資産・負債に関する相場価格ではなく，類似の資産・負債に関する相場価格である場合には，レベル1のインプットとして分類することができません。この場合，レベル2のインプットと判定します。たとえば債券に関して，業種・信用リスク・満期といった要素が類似している場合に，類似の資産として取り扱います。

③相場価格であること

　相場価格以外のインプットについては，レベル1のインプットとして分類することができません。

④調整されていないこと

　レベル1のインプットは，原則として調整しないこととされています。§6-6で解説する特定の場合には，レベル1のインプットであっても，調整することが認められていますが，調整後のインプットは，レベル1のインプットとして分類することができなくなります。

レベル1のインプットの例

活発な証券取引所における株価

活発な相対市場における相場価格

このようなインプットで
あれば，客観性が高いので，
時価の算定にあたって
最適な根拠となるね！

取引所の終値だけではなく，
相対市場における相場価格でも
いいんだね！

6-6 レベル1のインプットの調整

レベル1のインプットは原則として調整しない

　レベル1のインプットは客観性が高く，時価の算定にあたって最適な根拠となります。このため，時価の算定にあたって，レベル1のインプットが利用できる場合には，**原則として調整せずに使用**します。

　しかし，実務上の要請や，相場価格が時価を適切に反映しない例外的な状況を考慮し，右ページの**3つの場合**に限り，調整することが認められています。

　たとえば，個々の証券について活発な市場における相場価格が存在するものの，時価の算定日には容易に入手できない場合です。このような場合において，表面金利・格付・満期といった要素が類似する証券を大量に保有しているのであれば，その類似証券の相場価格に基づいて時価を算定することが実務上の簡便法として認められています。この手法は，マトリックス・プライシングと呼ばれています。

　また，一定の状況では，活発な市場における相場価格が，算定日における時価を適切に表さないことがあります。たとえば，株価に影響を及ぼすような事象が，市場の終了後，すなわち取引所の終値が公表された後に発生した場合です。

　レベル1のインプットは，調整されていないことが要件となっていますので，調整したインプットはレベル2またはレベル3に分類することになります。

レベル1のインプットに対する調整

レベル1のインプットに対する調整は，次の3つの場合にのみ認められている。

1　類似の資産または負債を大量に保有しており，その資産または負債について活発な市場における相場価格が利用できるが，時価の算定日において個々の資産または負債について相場価格を入手することが困難な場合

2　活発な市場における相場価格が時価の算定日時点の時価を表さない場合
例：株価に影響を及ぼす事象が，取引所の終値が公表された後に発生した場合

3　負債または払込資本を増加させる金融商品について，活発な市場で資産として取引されている同一の金融商品の相場価格を用いて時価を算定する場合で，かつ，その相場価格を調整する場合（§7-3 Check！）

> レベル1のインプットを調整すると，それを用いて算定した時価は，レベル1の時価に分類できなくなるよ！

6-7 レベル２のインプット

観察可能なインプットのうち，レベル１のインプット以外

　レベル２のインプットとは，資産・負債について観察可能なインプットのうち，レベル１以外のものであると定義されています。

　なお，これには，市場データによって直接的に裏付けられているインプットだけではなく，間接的に裏付けられているインプットも含まれます。言い換えれば，直接的にも間接的にも観察不能なインプットは，レベル２ではなくレベル３のインプットに分類されることになります（§6-8）。

　このように，レベル２のインプットと判定するためには，直接的であれ間接的であれ，**市場で観察可能であること**が要件となります。

　なお，資産・負債の中には，契約期間が定められているものがありますが，その場合には，**契約期間のほぼ全体にわたって**観察可能でなければならないことに留意が必要です。たとえば，契約期間を30日とする外国為替契約の時価を算定するにあたり，契約日から30日後の先物為替レートが入手できている場合には，先物為替レートが契約期間のほぼ全体を通じて観察可能だといえるため，先物為替レートはレベル２のインプットとなります。一方，３年物の株式オプションの時価を算定するにあたり，３年間の契約期間のうち１年間分のインプライド・ボラティリティしか市場データに裏付けされていない場合には，そのインプライド・ボラティリティはレベル２のインプットとして分類することができません。

レベル2のインプットの例

全期間にわたり観察可能なスワップ・レート

ほぼ全期間にわたり観察可能な外貨建イールド・カーブに基づくスワップ・レート

観察可能な市場データに裏付けられるインプライド・ボラティリティ※

直接的に観察可能であったり，観察可能なデータに裏付けられているという共通点があるね！

※〈インプライド・ボラティリティ〉
オプション取引の将来の変動率（ボラティリティ）をオプション価格をもとに算定したもの。市場で取引されている実際のオプション価格から逆算して算出する。

6-8 レベル３のインプット

市場データに裏付けられていないインプット

　レベル３のインプットとは，資産・負債について**観察できないイン**
プットであると定義されています。観察可能かどうかは，市場データに
裏付けられているかどうかを意味しますので，レベル３のインプットは
市場データに裏付けられていないインプットであるということができま
す。

　たとえば，将来において予測されるキャッシュ・フローをもとに，現
在価値技法を使用して貸付金の時価を算定するケースを想定してみま
しょう。この場合，割引率を使用して計算することになりますが，一般
的に，割引率は内部格付に基づいて算出します。内部格付に基づく割引
率は，市場データに裏付けられたものではないことから，観察不能なイ
ンプットであり，レベル３のインプットといえます。

　観察可能なインプット，すなわちレベル１またはレベル２のインプッ
トが入手できる場合には，これらのほうが優先度が高いため（§6-3），
レベル３のインプットを使用することはありません。つまり，レベル３
のインプットは，**レベル１のインプットもレベル２のインプットも入手**
できない場合にのみ用いるということになります。

　なお，レベル３のインプットを用いる際には，時価を算定するにあ
たって市場参加者が用いるであろう仮定を反映しなければなりません。
たとえば，取引数量が著しく低下して相場価格が時価を表していないと
市場参加者が判断する場合には，流動性リスクに関する調整を時価に反
映するであろうといった仮定です。

レベル3のインプットの例

観察可能な市場データによる裏付けが
ないスワップ・レート

ヒストリカル・ボラティリティ※

観察可能な市場データによる裏付けが
ない価格調整

観察可能なデータに
裏付けられていない
という共通点があるね！

※〈ヒストリカル・ボラティリティ〉
オプション取引の原資産価格から，オプション取引の将来の変動率（ボ
ラティリティ）を予測したもの。過去の原資産の価格変動率をもとに
算出する。

6-9 インプットと時価のレベル

時価も３つのレベルに分けられる

　インプットは３つのレベルに分けられますが（§6-2），インプットを用いて算出した時価も３つのレベルに分類します。分類にあたっては，どのインプットを使用して時価を算定したのかに焦点を当て，**時価に重要な影響を与えるインプット**が属しているレベルに応じて，レベル１からレベル３の時価に振り分けます。具体的には，以下のようになります。

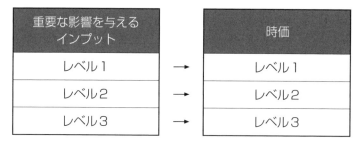

重要な影響を与える インプット		時価
レベル１	→	レベル１
レベル２	→	レベル２
レベル３	→	レベル３

　では，「重要な影響を与える」インプットを判定するにあたって，どのような検討をすればよいでしょうか？　画一的な方法はありませんが，インプットの感応度を測定する方法が考えられます。すなわちインプットが一定程度変化した場合に時価がどれだけ変化するかを測定し，その幅が大きいインプットを「重要な影響を与える」インプットだと判定する方法です。

　また，重要な影響を与えるインプットが複数あると判断すべき場合もあります。この場合には，時価の算定における優先順位が最も低いインプットのレベルに時価を分類します。時価のレベルは右ページのように決定することができます。

時価のレベルはどのように決まるか

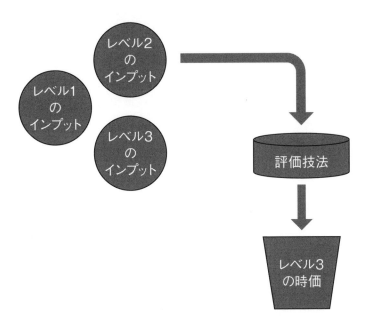

レベル1からレベル3のインプットが
投入されているけれど，
時価の算定における優先順位が
最も低いインプットであるレベル3に
時価を分類することになるね※。

※　ただし，レベル3に重要性がない場合，
　　時価のレベルはレベル2に分類される。

COLUMN

インプットの検証体制

　タイトな決算スケジュールの中で適切な時価開示を実現するためには，社内のさまざまな体制を整えておかなければなりません。時価算定業務と時価検証業務の職務分掌を明確化することもその1つです。

　時価の算定プロセスが複雑な金融商品やインプットの入手可能性・観察可能性が低い金融商品を多額に保有している企業では，その評価が運用損益に大きな影響を及ぼします。こうした企業では，時価算定部署から独立した部署が時価の妥当性を検証する体制が必要です。そうしないと，算定された時価の客観性を確保することが難しくなるからです。

　さらに，その独立の程度も，金融商品の複雑性や，算定する時価の不確実性の程度に応じて決定すべきでしょう。

　本章のテーマであるインプットに関していえば，どのインプットを使用するかは企業の判断に任されていますが，時価算定日の市場実勢を反映することや，観察可能なものを優先して使用することが求められています。それらが満たされているかどうかを，時価算定部署から独立した部署が検証する必要があります。

職務分掌

金融商品の複雑性の程度
算定する時価の不確実性の程度

時価算定部署

時価検証部署

§7

時価算定における
その他の論点

これまで見てきた論点をふまえ，金融負債の時価算定やその他の論点についてみていきましょう。

ここまで来たら
この章も大丈夫。

7−1 負債を移転するとは？

「負債の移転」と「負債の消滅」は違う！

　資産の時価は，資産の売却によって，受け取る価格でした。一方，負債の時価とは，**負債の移転**のために支払う価格です。では「移転」とはどういうことでしょうか。

　たとえば借入金の場合を考えてみましょう。住宅ローンなどでは繰上げ返済をすることがあります。しかしこれは「移転」ではありません。債権者たる銀行に合意した額を支払い，借入金を**消滅**させたのです。移転というのは，同一条件で借入れを第三者に譲渡するということです。たとえば，事業譲渡の際の借入金の移転です。繰上げ返済と異なるのは，支払う相手が債権者でなく負債の譲受者であること，債務者が変更したとはいえ，借入れ自体は同条件で継続していることです。

　負債の時価の算定においては，この第三者を市場参加者と仮定します。つまり，市場参加者である譲受人がその債務を引き受けるには，どれだけ受け取れば見合うと考える金額が時価のベースとなります。市場参加者が債権者の立場になった場合に受け入れる金額ではありません。

 Check! 企業結合で対価として発行した株式の時価は？

　企業結合で対価として株式を発行する場合があります。この場合の時価は，時価の算定日に市場参加者に移転されるものと仮定して，時価を算定します。この点，負債の扱いと共通していますね。

負債の移転 vs 負債の消滅

借入金で「負債の移転」と「負債の消滅」を比較すると…

	負債の移転	負債の消滅
債務者	**変更あり（現債務者から，市場参加者に）**	変更なし
元利払いのタイミング（＝将来キャッシュ・フロー）	変更なし	**変更あり（測定日時点で全額返済に変更）**
取引価格	約定のキャッシュ・フローを**市場参加者の市場リスクで割り引いた金額**	債権者と債務者で合意した金額

こうしてみると，「負債の移転」と「負債の消滅」は全然ちがうね！「負債の移転」の時価は，具体的にこんな感じ…！

■たとえば市場参加者Xが算定する借入金の時価は？

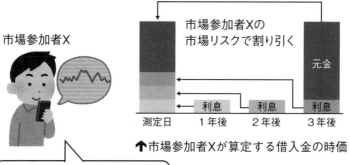

市場参加者X

市場参加者Xの市場リスクで割り引く

元金　利息　利息　利息
測定日　1年後　2年後　3年後

↑市場参加者Xが算定する借入金の時価

自ら借入れをするより得なら，借入金の移転の話に乗るよ！

7-2 負債の時価を求める順番

移転が市場で観察されることはまれだから……

　負債の時価は，負債を移転する場合に支払う金額です（**§7-1**）。ですから，負債を移転する活発な市場があれば，その相場価格を用います（**手法1**）。

　しかし負債の移転が市場で観察されることはまれです。なぜなら債権者保護のため，負債の移転には，通常，制限がかけられるからです。そこで苦肉の策として，次に，対応する資産側の活発な市場がないかを検討します。たとえば「社債を移転する市場」がなくても，「その社債が債券として流通する市場」ならあるかもしれません。そうであれば，その相場価格を参照し，時価を算定します（**手法2**）。

　これもない場合は，他の観察可能なインプット（たとえば活発な市場ではないとしても，対応する資産が売買される相場価格があれば，その価格）を用います（**手法3**）。これらのいずれも入手できない場合は，インカム・アプローチ，またはマーケット・アプローチを用います（**手法4**）（**§5-1参照**）。

評価技法としては，
コスト・アプローチもあるけれど，
負債の算定にはそぐわないんだね。

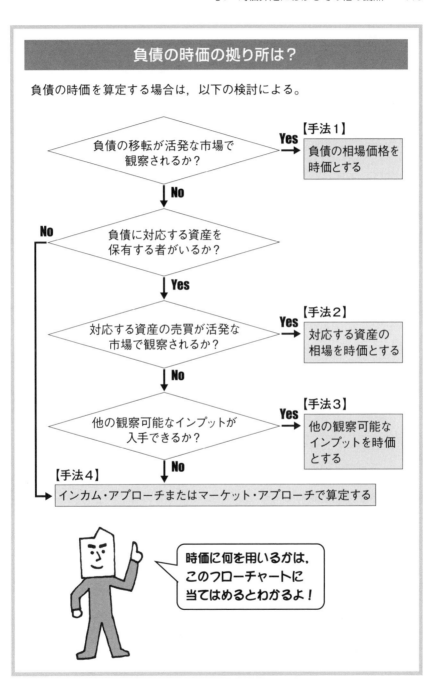

負債の時価の拠り所は？

負債の時価を算定する場合は，以下の検討による。

負債の移転が活発な市場で観察されるか？ —Yes→ 【手法1】負債の相場価格を時価とする

No

負債に対応する資産を保有する者がいるか？ —Yes→

No

対応する資産の売買が活発な市場で観察されるか？ —Yes→ 【手法2】対応する資産の相場を時価とする

No

他の観察可能なインプットが入手できるか？ —Yes→ 【手法3】他の観察可能なインプットを時価とする

No

【手法4】インカム・アプローチまたはマーケット・アプローチで算定する

時価に何を用いるかは，このフローチャートに当てはめるとわかるよ！

7-3 負債の時価と不履行リスク

負債の時価には不履行リスクを反映させなければならない

負債には**不履行リスク**（債務が履行されないリスク）がつきまといます。この不履行リスクは，企業の信用リスクに限定されません。たとえば特定の国・地域の政治・経済・社会情勢等によるカントリーリスクも不履行リスクの要因となります。

対応する資産側の相場価格を参照し，時価を算定する場合（**§7-2**の**手法2**または**手法3**），この不履行リスクがどのような影響を及ぼすか考えてみましょう。負債の額が同じだとしても，不履行リスクが異なればどうでしょうか。資産側の相場価格には，通常，不履行リスクに見合うディスカウントが求められます。これと同様に負債の時価算定にも不履行リスクの見積りが必要になります。

しかし困ったことが生じます。負債の時価算定のために，負債を市場参加者に移転すると仮定しても，不特定多数の市場参加者の不履行リスクを特定できないのです。そこで時価算定基準では，**負債の不履行リスクは移転の前後で変わらない**と仮定します。これにより，測定日現在の自社の不履行リスクを用い，負債の時価を算定できることになります。

> **Check!　債務保証が付された負債の時価は？**
>
> 　負債に債務保証が付された場合，不履行リスクは低くなるため，対応する資産の相場価格は，付されていない場合より高くなります。しかし，このプレミアムは債務保証に係る時価です。負債そのものの時価を求める際は，この額をディスカウントしなければなりません。

負債の不履行リスクの仮定

【前提】
A社の借入金の時価を算定するときに，譲渡先の不履行リスクをどのように考えるのか？

金銭消費貸借
契約書
US$100,000
利率10%　4年

借入金

負債の譲渡

市場

市場で，誰が引き受けるかわからない

A社

■負債の不履行リスクが，「移転の前後で変わらない仮定」が設けられていない場合

譲渡先の負債の不履行リスクに見合うディスカウントが必要だな。でも，自社（A社）のリスクはわかるけれど，市場では誰が負債を引き受けてくれるかわからないし，どう計算すれば…

■負債の不履行リスクが，「移転の前後で変わらない仮定」がある場合

負債の譲渡を受ける市場参加者の負債の不履行リスクは自社と同じと仮定して計算！

7-4 負債の移転の制約と時価の関係

負債の移転の制約がある場合，時価の調整は必要か？

　資産の使用や売却に制限がつく場合，その制限が資産に固有のものであれば，時価の算定に考慮すべきとされています（§4-6）。負債の場合はどうでしょうか。負債の移転に関する制約の影響について，以下の留意が必要と考えられます。

- 負債の移転に関する制約の影響は，通常，時価の算定におけるインプットに**反映されている**ため，その制約の影響についてインプットの**調整は不要**
- ただし，移転に関する制約が時価の算定におけるインプットに**反映されていない**ことを認識している場合には，その制約の影響についてインプットを**調整する**

　負債の取引日において，移転に関する制約がその負債に含まれていることを認識したうえで，債権者と債務者の双方がその負債の取引価格に合意した場合には，移転に関する制約の影響は取引価格に反映されているため，追加的な調整は行いません。

　これは，その後の時価の算定日においても同様です。つまり，移転に関する制約が取引価格に含まれているので，その後の時価の算定日においても，移転に関する制約の影響を反映するための別個のインプットまたは既存のインプットの調整は必要ありません。

社債の時価を算定してみよう

【前提条件】
A社は，X1/1/1に，額面40,000千円，利率2.0%（利払日12月末），満期がX5/12/31の社債を額面で発行した。利率2.0%には社債発行当時の不履行リスク等が反映されている。A社はX1/12/31に社債の時価の算定が必要である。以下のそれぞれのケースで，時価はいくらになるか？
なお，A社の社債を移転する市場は観察されない。

■ケース1
A社社債を債券として流通する活発な市場があり，X1/12/31では，額面100円の相場価格は99円である。

【A社の判断過程】
(1) 資産側の相場価格が参照できる
(2) 活発な市場の相場価格なので，不履行リスクや負債移転の制約は織り込み済み（調整不要）

【算定結果】 $40,000千円 \times \dfrac{99}{100} = 39,600千円$

■ケース2
A社社債を債券として流通する活発な市場はない。市場の状況をすべて考慮し，仮にX1/12/31時点で債券を発行した場合には，債券の金利が2.2%になる。

【A社の判断過程】
(1) 市場から入手できる相場価格がない。利率と満期日がわかっているので，インカム・アプローチが使える
(2) 割引率は2.2%を用いる

【算定結果】 39,697千円

	X2/12/31	X3/12/31	X4/12/31	X5/12/31	合計
キャッシュ・アウト	800	800	800	40,800	43,200
現在価値	※1 783	※2 766	※3 749	※4 37,399	39,697

※1　$783 = 800 \div (1 + 0.022)$
※2　$766 = 800 \div (1 + 0.022)^2$
※3　$749 = 800 \div (1 + 0.022)^3$
※4　$37,399 = 40,800 \div (1 + 0.022)^4$

7-5 要求払いの特徴を有する負債の時価

要求払いとは？

　負債と聞いて思い浮かぶのは，借入金のような，期限の定めがあり，いつまでにいくら定期的に返済しなければいけないといったものかもしれません。このように期限の定めがあれば，割引計算により時価を計算することも容易です。

　しかし，負債には，期限の定めがなく，債権者がいつでも払い戻しを要求できる負債もあります。たとえば，預金者がいつでも払い戻しを要求できる普通預金は，預金者にとっては金融資産ですが，お金を預かっている金融機関にとっては**要求払いの特徴を有する**金融負債となります。

　そこで，このような要求払いの特徴を有する負債の時価は，どうやって計算するか仮定が必要になります。要求払いの額の支払いが要求される可能性のある最も早い日からその要求払いの額を割り引いた金額を下回らないとされています。

　さきほどの金融機関における普通預金を例にとると，いますぐにでも支払いが要求される可能性がありますので，最も早い日が時価の算定時点となります。結果的には，預金額が時価となります。

要求払いの特徴を有する負債の時価

■期限の定めがある債務

金銭消費貸借 契約書 100,000千円 利率5%　4年	1年目	2年目	3年目	4年目	
	5,000	5,000	5,000	105,000	
	÷	÷	÷	÷	合計:
	$(1+0.05)$	$(1+0.05)^2$	$(1+0.05)^3$	$(1+0.05)^4$	
	＝4,762	＝4,535	＝4,319	＝86,384	100,000

■（金融機関における）普通預金の場合

いつ支払いが生じるか
わからないのに
どうやって計算するんだろう？

普通預金 100,000千円 利率0.1%	
	100,000
	÷
	$(1+0.001)^0$
	＝100,000

合計:
100,000

支払いが要求される可能性のある最も早い日
＝現在で計算する

時価は, 現在の割り引いた額：100,000千円を
下回らない金額となる。

現在時点で計算するのか！
結果として,
時価＝預金額（簿価）になるね。

7-6 取引数量または頻度が著しく低下している場合

市場の前提が異なるときは？

　これまでは「活発な市場（16ページ参照）」を前提として時価算定の議論をしてきました。では，市場が活発な市場ではない，継続的に価格情報が提供される程度に**十分な数量や頻度で取引が行われていない場合**には，どう算定すればよいでしょうか。

　まず，取引の数量・頻度が通常の市場の活動に比して著しく低下しているかを判断します。判断基準としては，取引量・相場価格のほか，時価と関連する指標，その相関性等があります（右ページ参照）。

　もし取引の数量・頻度が著しく低下していると判断された場合には，次に取引価格または相場価格が時価を表しているか否かを評価します。

　何らかの理由で，価格に市場参加者が資産または負債のキャッシュ・フローに固有の不確実性に対する対価として求めるリスク・プレミアムが適切に反映されていない場合，この価格は時価を表しているとはいえません。仮にこれら価格を時価を算定する基礎として用いる際には，リスク・プレミアムの調整を行う必要があります。その算定は困難ですが，リスク・プレミアムに関する調整を行わない十分な根拠とはならないため，調整が必要となります。

　リスク・プレミアムの調整にとどまらず，評価技法の変更または複数の評価技法の利用が適切となる可能性もあります。これについては**§7-8**で説明します。

　なお，取引の数量・頻度が著しく低下している場合は，「秩序ある取引でない取引」となっているおそれがあり，これも検討します（**§7-7**）。

取引の数量・頻度の著しい低下とは？

「市場における取引の数量・頻度の著しい低下」といっても，一律に判断できるものではない。そこで，適用指針では，以下のような判断指針を示している。

チェック項目	状態
取引量	少ない
相場価格	現在の情報に基づいていない
	時期によって著しく異なる
	市場参加者間で著しく異なる
時価と高い相関関係のあった指標	相関しなくなった
企業の将来キャッシュ・フローの見積りと比較して，相場価格に織り込まれている流動性リスク・プレミアム等	著しく増加
買気配と売気配の幅	著しく拡大
同一または類似資産・負債の新規発行市場における取引の活動	著しく低下または市場がない
公表されている情報	ほとんどない

チェック項目に該当するものが多いほど，「市場における取引の数量・頻度の著しい低下」に該当することになるよ。

7-7 秩序ある取引ではない取引の場合

秩序ある取引であるか否かによる違い

「秩序ある取引」とは，資産または負債の取引に関して通常かつ慣習的な市場における活動ができるように，時価の算定日以前の一定期間において市場にさらされていることを前提とした取引をいいます。他から強制された取引（たとえば，強制された清算取引や投売り）は，秩序ある取引に該当しません（17ページ参照）。

資産または負債の取引の数量または頻度が，その資産または負債に係る通常の市場における活動に比して著しく低下していると判断した場合には，秩序ある取引ではない取引となる可能性が高くなります。

そこで，取引が秩序ある取引でないと判断されたときには，取引価格は他の入手できるインプットほどには考慮しないことになります。もし，取引が秩序ある取引であるかどうかを判断するために十分な情報を入手できないときには，取引価格が時価を表さない可能性を踏まえたうえで，取引価格を考慮することになります。

一方で，取引が秩序ある取引であると判断されたときには，取引価格を考慮することになります。ただし，その考慮する程度は，たとえば次のような状況によって異なります。

①取引の数量は多いか少ないか
②取引を時価の算定対象にすることが適切かどうか
③取引の時点が時価の算定日に近いかどうか

秩序ある取引ではない場合

取引の数量または頻度が通常の市場に比べ，著しく低下している場合，まず秩序ある取引かそうではないかの確認が必要となる。

■秩序ある取引ではないことを示す例

- ・現在の市場環境の下で，通常かつ慣習的な市場における活動ができるように，一定期間において取引が市場に十分にさらされていないこと
- ・期間は十分あったが，売手が1人の買手としか交渉していないこと
- ・売手が破綻または破綻寸前
- ・売手が規制上または法的な要請から売却せざるを得ないこと
- ・直近の同一または類似の取引と比較して，取引価格が異常値

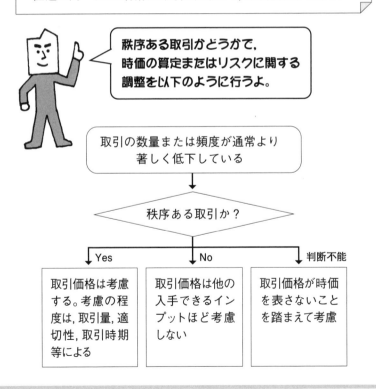

秩序ある取引がどうかで，時価の算定またはリスクに関する調整を以下のように行うよ。

取引の数量または頻度が通常より著しく低下している

秩序ある取引か？

Yes　No　判断不能

取引価格は考慮する。考慮の程度は，取引量，適切性，取引時期等による

取引価格は他の入手できるインプットほど考慮しない

取引価格が時価を表さないことを踏まえて考慮

7-8 評価技法の変更が必要な場合

取引価格や相場価格の信頼性が極めて低い場合

　取引数量または頻度が著しく低下している場合には，リスク・プレミアムに関する調整をします（§7-6）。しかし，リスク・プレミアムの調整にとどまらず，評価技法の変更または複数の評価技法の利用が適切となる可能性もあります。観察可能なインプットの精度が低く，想定していた評価技法に適さない場合です。

　たとえばマーケット・アプローチを用いる評価技法の裏付けとなる取引が乏しい場合は，インカム・アプローチを用いる評価技法を使えないか検討します。そしてそのためのインプットを入手します。

　なお，こうした状況下でも，時価の算定にあたっては，時価の定義に基づき，算定日における事実および状況を考慮します。**時価の算定は，市場を基礎としたものであり，対象となる企業に固有のものではないた**め，資産の保有あるいは負債の決済または履行に関する企業の意図は，時価を算定する際に考慮しません。

取引の状況と評価技法の選択

【前提条件】

　　評価対象：X証券（住宅ローン担保証券）

　　取得日：X1/1/1

　　評価日：①X1/3/31，②X2/3/31

　　格付：取得時・評価日①ではAAA，評価日②ではA

　流通状況：月に数十回の頻度でブローカー市場で取引されていたが，X1年4月に市況が非常に悪くなり取引が成立しなくなった。評価日②のX2/3/31より前，半年間はほとんど取引がなかった。

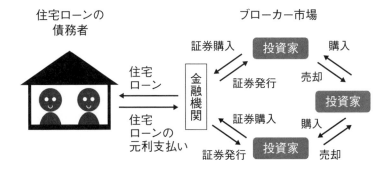

【問】

　　評価日①，②それぞれのX証券の評価技法としては，何がふさわしいか？

【答え】

　評価日①：取引があるため参照する相場価格を入手できる。マーケット・アプローチが可能なため，マーケット・アプローチをとる。

　評価日②：評価日の直近で取引がないため，参照する相場価格が入手できない。証券の契約内容から利払いや元金の返済内容は入手でき，インカム・アプローチをとることが可能。ただし，なんらかの方法でその時点の市場利回りを考慮することが必要。

7-9	第三者から入手した相場価格の利用

金融機関などから入手した時価は使えないの？

　時価は本来，報告事業体が算定するものです。しかし，一定の条件下では，第三者から入手した相場価格を時価として用いることができます。

	原則的な方法	例外的な方法
報告事業体	特に制限はない	総資産の大部分を金融資産が占め，かつ総負債の大部分を金融負債や保険契約から生じる負債が占める企業集団または企業**以外**
対象物	特に制限はない	下記いずれか (1)全期間の金利が公表されている同一通貨の固定金利と変動金利を交換する金利スワップ (2)全期間の先物為替相場が公表されている為替予約または通貨スワップ
その他の要件	第三者から入手した相場価格が時価算定基準に従って算定されたものであると判断される^{（注）}こと	下記2つとも満たす場合 ●公表されているインプットの契約時からの推移と入手した相場価格間に明らかな不整合がない ●レベル2の時価と判断される

注：取引の数量または頻度が，通常の市場における活動に比べ著しく低下している場合は内容を吟味し，場合によっては参考程度にするにとどめる。

ブローカーから入手した相場価格

【前提条件】

A社は，全期間の金利が公表されている同一通貨の固定金利と変動金利を交換する金利スワップの相場価格を第三者であるブローカーから入手した。

■ケース1

A社が銀行の場合，入手した相場価格を時価の算定に用いるために，A社が実施すべきこと

・相場価格が会計基準に従って算定されたかどうかの確認
・取引の数量または頻度が，通常の市場における活動に比べ低下していないかどうかの確認

■ケース2

A社が一般の事業会社の場合，入手した相場価格を時価の算定に用いるために，A社が実施すべきこと

・公表されているインプットの契約時からの推移と入手した相場価格間に明らかな不整合がないことの確認
・レベル2の時価に属するかどうかの確認

一般事業会社のほうが，第三者から入手した相場価格を簡単に利用できるね。

COLUMN

じつは身近な住宅ローン担保証券!?

　リーマン・ショックの際には，あまりにも時価が急落したため，アメリカでは，時価会計基準の緩和が図られるほどでした。その引き金となったのは，§7-8で扱った住宅ローン担保証券でした。

　さて，住宅ローン担保証券と聞いて，どのようなイメージを抱くでしょうか。聞いたことがない方も多いのではないでしょうか。

　じつは身近な商品が住宅ローン担保証券の仕組みを利用しています。それが「フラット35」です。「フラット35」は，長期固定金利の住宅ローンの商品名であり，住宅の購入に際して，よく聞く単語だと思います。この「フラット35」ですが，住宅ローン担保証券の仕組みを利用することで，金利を低く抑えて提供することができます。

　住宅金融支援機構が住宅ローンの証券化を担当することで，各民間金融機関が独自に証券化するよりも信用リスクなどのリスクを軽減することができ，発行する債券も公的機関の信用力を背景に最高位格付けで発行でき，相対的に低利なローンとなっています。

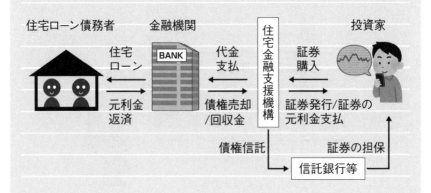

§8

他の会計基準等の
主な修正内容

時価の算定に関する会計基準および適用指針が新設されたことにより，金融商品会計基準や棚卸資産会計基準といった会計基準も改正され，会計処理が変更されることになります。また，開示にも影響を与えています。ここでは，その内容を確認していきましょう。

他の会計基準等にどんな影響が
あるのか，ざっくり
理解しましょう。

8-1 金融商品に関する会計基準の改正①

その他有価証券の決算時の時価の特例の廃止

　時価の定義が,「算定日において市場参加者間で秩序ある取引が行われると想定した場合の,当該取引における資産の売却によって受け取る価格又は負債の移転のために支払う価格」となりました（詳細は,§3参照）。

　この定義にあるように,時価の基準日が「算定日」とされたことから,その他有価証券の決算時の時価について,例外処理が認められなくなりました。つまり,継続適用を条件に認められていた「期末前1か月の市場価格の平均に基づいて算定された価額」は,改正後の時価の定義を満たさなくなったのです。

　たとえば,3月31日が決算日である会社が,その他有価証券に分類される上場株式を保有している場合,3月1日から3月31日の1か月平均の株価をもって,決算時の時価とすることは認められなくなります。あくまで3月31日といった一時点の株価のみが時価であると考えられるようになりました。

　ただし,その他有価証券の**減損を行うか否か**の判断を行う場合については,期末前1か月の市場価格の平均に基づいて算定された価額を用いることができるとしていた,従来の取扱いは継続して認められています。

時価の概念が変わると…

期末に向けて，株価が下落しているような場合

3月決算会社であるA社は，上場会社B社の株式を1,000千円保有している。B社株式は株価が下落し，著しい下落に該当したため，減損処理が必要な状況にある。

なお，A社は期末前1か月の市場価格の平均に基づいて算定された価額を時価として用いていた。

・3月平均株価：450千円
・3月31日株価：400千円

損益計算書はどう変わる？？？

	旧基準の損益計算書	新基準の損益計算書
特別損失		
投資有価証券評価損	550 ※1	600 ※2
…	…	…
特別損失合計	…	…

※1　帳簿価額1,000千円−3月平均株価450千円
※2　帳簿価額1,000千円−3月31日株価400千円

この場合，マイナスの影響になるんだね。
でも，「3月31日株価＞3月平均株価」の場合には，
旧基準に比べ，新基準の方がプラスに働くんだよ！

8-2 金融商品に関する会計基準の改正②

時価を把握することが極めて困難と認められる有価証券の考え方がなくなる

旧金融商品会計基準では，時価を把握することが極めて困難と認められる有価証券の規定があり，下記の会計処理が求められていました。

---

(1)社債その他の債券の貸借対照表価額は，債権の貸借対照表価額に準じて算定された価額
(2)社債その他の債券以外の有価証券は，取得原価

時価算定基準のもとでは，時価算定の考え方が変わったことにより，**時価を把握することが極めて困難と認められる有価証券は想定されていません。**そのため，入手できる最良の情報を基礎として観察できないインプットに基づき時価を算定することを求めています。

これまで，時価を把握することが極めて困難であるとして，債権の貸借対照表価額に準じて算定された価額または取得原価をもって貸借対照表価額としていたものは，原則として，時価をもって貸借対照表価額とすることになります。

ただし，現行の金融商品の範囲や実務に極力影響を与えないという基本方針のもと，市場価格のない株式または出資金等に関しては，たとえ何らかの方法により価額の算定が可能としても，それを時価とはせず，従来通り取得原価をもって貸借対照表価額とすることになります。

全ての有価証券は時価が把握できることになったが…

■**原則** 全ての有価証券（株式，社債など）は関連するインプットと
適切な評価技法で時価を算定できるようになった

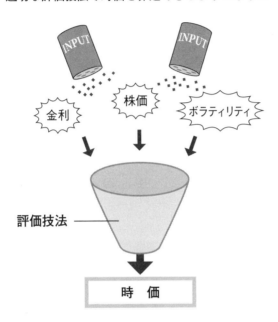

評価技法

時　価

■**例外（市場価格のない株式等）**
＝市場において取引されていない株式または出資金等

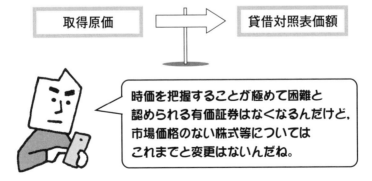

取得原価 → 貸借対照表価額

時価を把握することが極めて困難と
認められる有価証券はなくなるんだけど，
市場価格のない株式等については
これまでと変更はないんだね。

8-3 棚卸資産の評価に関する会計基準の改正

トレーディング目的で保有する棚卸資産

　時価算定基準は，金融商品に加え，トレーディング目的で保有する棚卸資産もその範囲に含めています（**§2-3参照**）。この結果，「棚卸資産の評価に関する会計基準」では，「時価」の概念が2つ存在することになります。

- ■トレーディング目的で保有する棚卸資産の時価（本改正）
  - ⇒算定日において市場参加者間で秩序ある取引が行われると想定した場合の，当該取引における資産の売却によって受け取る価格
- ■上記以外の棚卸資産の時価（従来通り）
  - ⇒公正な評価額をいい，市場価格に基づく価額。市場価格が観察できない場合には合理的に算定された価額

　トレーディング目的で保有する棚卸資産は，当初から加工や販売の努力を行うことなく，単に市場価格の変動により利益を得ることを目的としています。つまり，トレーディング対象となっているものが有価証券といった金融商品か棚卸資産かの違いに過ぎず，その目的は同じです。また，従来から，簿価と時価との差額である評価差額は当期の損益とするといった会計処理も売買目的有価証券と同じであることから，時価の算定においても金融商品との整合性を図ることとされました。

保有目的が異なる棚卸資産の時価

	金地金を製造目的で保有する場合	金地金をトレーディング目的で保有する場合
時価算定の目的	評価減の要否を判断するために時価を把握する。また評価減をする場合, 時価が貸借対照表価額となる。	貸借対照表価額にするために時価を算定する。
市場	特に市場は指定されていない。	主要な市場, 主要な市場がない場合は最も有利な市場。
参照する価格	市場価格に基づく価額（金の場合, 市場があるため, 合理的に算定された価額が時価とはならない）。	算定日に市場参加者間で秩序ある取引が行われると想定した場合の資産売却価格。所在地が資産の特性と判断される場合は, 輸送費用の調整が必要。

棚卸資産については, 製造目的かトレーディング目的かで「時価算定の目的」「市場」「参照する価格」が変わるんだね。

8-4 金融商品の時価等の開示に関する適用指針の改正①

金融商品の注記はどう変わる？

　時価に関する開示を拡充するために，有価証券報告書や計算書類における金融商品の注記も変更されることになります。金融商品関係の注記として記載が求められていた「金融商品の状況に関する事項」と「金融商品の時価等に関する事項」について，その記載の一部が見直されることになりました。また，「金融商品の時価のレベルごとの内訳等に関する事項」が新設されています。

　改正前と改正後の主な変更点は以下の通りです。

---

① 　現金や短期間で決済されるため時価が帳簿価額に近似するものについては，注記を省略可

② 　「金融商品の時価等に関する事項」で求められていた金融商品の時価の算定方法に関する記載は削除。代わりに，「金融商品の時価のレベルごとの内訳等に関する事項」において，「時価の算定に用いた評価技法及びインプットの説明」が追加

③ 　「時価を把握することが極めて困難と認められる金融商品」という考えがなくなったことに伴い，市場価格のない株式等についてのみ，貸借対照表価額を注記

④ 　「金融商品の時価のレベルごとの内訳等に関する事項」を新設（記載内容については§8-5参照）

時価注記の主な変更箇所を確認しよう

1.金融商品の状況に関する事項
大きな変更はなし

2.金融商品の時価等に関する事項

変更点①

	貸借対照表計上額	時価	差額
現金及び預金	500	500	
受取手形及び売掛金	2,000	2,100	100
…	…	…	…

（注1）金融商品の時価の算定方法並びに有価証券及びデリバティブ取引に関する事項

(1) 現金及び預金
預金はすべて短期であるため，時価は帳簿価額と近似していることから，当該帳簿価額によっております。

変更点②

(2) 受取手形及び売掛金
これらの時価は，一定の期間ごとに区分した債権ごとに債権額を満期までの期間及び信用リスクを加味した利率により割り引いた現在価値によっております。

変更点③

（注2）時価を把握することが極めて困難と認められる金融商品市場価格のない株式等

区分	貸借対照表計上額
非上場株式	800

変更点④

【新設】3.金融商品の時価のレベルごとの内訳等に関する事項

変更点②　　詳細は§8-5参照

・レベル別の時価
・時価の算定に用いた評価技法及びインプットの説明

8-5 金融商品の時価等の開示に関する適用指針の改正②

開示がレベル別になり，評価技法とインプットの記載が必要に

　金融商品の注記において，新たに「金融商品の時価のレベルごとの内訳等に関する事項」が追加されました。インプットのレベルを前提として金融商品の時価をレベル１，２，３に分類し，時価をもって貸借対照表計上額とするか否かに分け，次の開示項目の注記が求められています。

■レベル１の金融商品
　•区分ごとの残高
■レベル２の時価又はレベル３の時価の金融商品
　•区分ごとの残高
　•時価の算定に用いた評価技法及びインプットの説明
　（時価の算定に用いる評価技法又はその適用を変更した場合には，その旨及びその理由）

　また，レベル３の時価の金融商品で，「注記ではなく貸借対照表において時価評価されるもの」については，財務諸表利用者に有用な情報を提供するため，さらなる情報開示が求められています。

　なお，重要性の低い金融商品は注記を省略することができます。この場合，貸借対照表日現在の残高のほか，時価の見積りの不確実性の大きさを勘案したうえで，当期純利益，総資産および金融商品の残高等に照らして，注記の必要性を判断することになります。

有価証券に焦点を当てた注記例

金融商品の時価のレベルごとの内訳等に関する事項

(1) 時価をもって連結貸借対照表計上額<u>とする</u>金融資産及び金融負債

区分	時価			
	レベル1	レベル2	レベル3	合計
有価証券及び投資有価証券 　その他有価証券				
株式	700	－	－	700
社債	－	50	－	50
…	…	…	…	…

(2) 時価をもって連結貸借対照表計上額<u>としない</u>金融資産及び金融負債

区分	時価			
	レベル1	レベル2	レベル3	合計
有価証券及び投資有価証券 　満期保有目的の債券				
国債	300	－	－	300
社債	－	80	－	80
…	…	…	…	…

（注）時価の算定に用いた評価技法及びインプットの説明

> **有価証券及び投資有価証券**
>
> 　上場株式，国債及び社債は相場価格を用いて評価しております。上場株式及び国債は活発な市場で取引されているため，その時価をレベル1の時価に分類しております。一方で，当社が保有している社債は，市場での取引頻度が低く，活発な市場における相場価格とは認められないため，その時価をレベル2の時価に分類しております。

取得原価から時価を重視する時代へ

皆さん，会計ビッグバンという言葉をご存知でしょうか？

　これは，2000年以降，日本の会計基準を国際的な会計基準へ近づけるために行われた会計基準の新設・改正のことです。会計基準をグローバル化することで，財務諸表の国際的な比較可能性を確保することを目的の一つとしたものです。

　今では当たり前になっていますが，金融商品会計基準が導入される前は，市場価格のある上場株式でも，会計方針として低価法を採用していない場合には，取得原価のまま計上されていました（強制評価減の対象となる場合は除く）。つまり，時価の変動にかかわらず，取得した金額で貸借対照表に計上されていたのです。そのため，たとえば現在の基準では「その他有価証券」に区分される持ち合い株式を昔から保有しており，その株価が数十倍・数百倍になっていたとしても，保有し続けている間は，含み益が財務諸表に反映されることはありませんでした。

　これでは，投資家は企業の本当の体力がわからず，自らの責任で株式投資を行うことはとてもできないですよね。こうした弊害を解消するためにも，会計ビッグバンは必要だったわけです。

§9

適用時期と経過措置

時価算定基準の適用時期と経過措置には，どのようなことが定められて
いるでしょうか。

これから，さらに
検討を重ねることが
あるんだって！

9-1 適用はいつから？

原則のほか，早期適用が２通り

　時価算定基準（適用指針含む）は，原則，2021年４月１日以後開始する連結会計年度および事業年度の期首から適用されます。

　ただし早期適用も可能です。この場合は，以下のいずれかとなります。

A　2020年４月１日以後開始する連結会計年度および事業年度の期首から

B　2020年３月31日以後終了する連結会計年度または事業年度における年度末の連結財務諸表および個別財務諸表から

　早期適用の場合は，時価算定基準と同時に改正された金融商品会計基準および棚卸資産会計基準についても，同時に早期適用することになります。

 Check!　公開草案時の適用時期は１年早かった

　公開草案では，適用時期を2020年４月１日以後開始する連結会計年度および事業年度からと提案していました。これは時価の国際的な整合性を早期に図ることが望ましいと考えたためです。

　しかしながら，新たな会計基準を理解し，システムを開発したり，新たに内部統制を整備・運用したりするには，時間がかかるといった意見が寄せられました。そこで，公表された会計基準では公表（2019年７月）後，適用開始まで１年半という期間がおかれたのです。

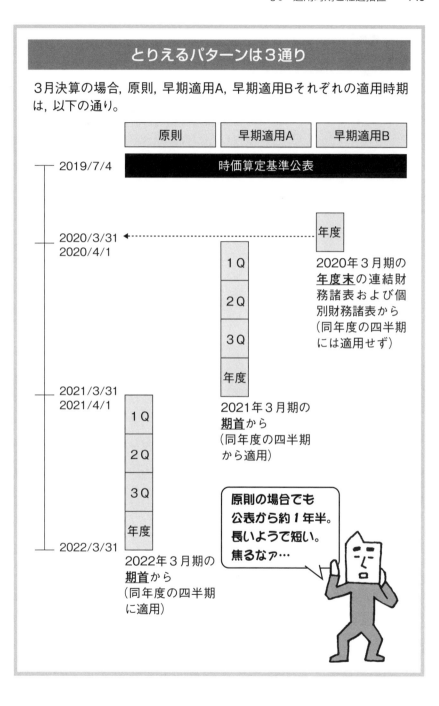

とりえるパターンは3通り

3月決算の場合，原則，早期適用A，早期適用Bそれぞれの適用時期は，以下の通り。

原則	早期適用A	早期適用B

時価算定基準公表

2019/7/4

2020/3/31
2020/4/1

年度

2020年3月期の**年度末**の連結財務諸表および個別財務諸表から（同年度の四半期には適用せず）

1 Q

2 Q

3 Q

年度

2021/3/31
2021/4/1

2021年3月期の**期首**から（同年度の四半期から適用）

1 Q

2 Q

3 Q

年度

2022/3/31

2022年3月期の**期首**から（同年度の四半期に適用）

原則の場合でも公表から約1年半。長いようで短い。焦るなァ…

9-2 経過措置①

会計方針の変更か，会計上の見積りの変更か？

　時価算定基準の適用は過去に遡るのか，将来に向かって行うのかいずれでしょうか。「会計上の変更及び誤謬の訂正に関する会計基準」での一般的取扱いは，以下のようになっています。

A	会計基準等の改正に伴う会計方針の変更の場合	経過措置が設けられていない場合を除き，過去に遡及する。
B	会計上の見積りの変更の場合	変更が変更期間にのみ影響する場合は変更期間に会計処理を行い，将来にも影響する場合は，将来にわたり会計処理を行う。
C	会計方針の変更を会計上の見積りの変更と区別が難しい場合	会計上の見積りの変更の場合と同様に取り扱う。

　時価算定基準適用による会計方針の変更は，新たな事象の発生または新たな情報の入手による時価の算定方法の変更と**不可分**とされました。つまりCの考え方をとったわけで，これは先に「公正価値測定」基準を作成したIFRSや米国会計基準と同じ考え方です。そこで時価算定基準の適用は，**原則，将来にわたり，会計処理を行う**ことになります。

　ただし，会社のこれまで行ってきた時価の算定方法によっては「不可分でなく，会計方針の変更に該当する」場合もあるかもしれません。このように実質Aであり，影響額が分離可能なときは，その部分について遡及適用することができるとされました。

「将来にわたり適用」vs「過去に遡及して適用」

2022年3月期の期首により適用の場合, 両者の開示はどのように違うか?

将来にわたり適用:
比較情報は<u>従来の方法による算定のまま</u>

比較情報 2021年3月期	当期 2022年3月期
従来の方法で算定	時価算定基準で算定

過去に遡及して適用:
比較情報は<u>時価算定基準で算定し直す</u>

比較情報 2021年3月期	当期 2022年3月期
時価算定基準で算定し直す	時価算定基準で算定

遡及する場合は,
2020年3月期(2期前)にも
遡り, 2021年3月期の期首に
その数値を反映することに留意!
累計的影響額の注記も
必要になるよ。

9-3 経過措置②

公表後概ね1年かけ検討されること

投資信託については，従来，金融商品実務指針第62項で以下のように定められていました。

> 投資信託に付すべき時価は市場価格とし，市場価格がない場合には市場価格に準ずるものとして合理的に算定された価額が得られればその価額とする。市場価格に準ずるものとして合理的に算定された価額には，**証券投資信託委託会社の公表する基準価格，ブローカー又は情報ベンダーから入手する評価価格**が含まれる。

時価算定基準でも，一定の条件下で**第三者から入手した相場価格**を時価とみなすことが容認されています。しかし，ここで問題が生じます。開示義務のある投資信託で一般に用いられている「投資信託財産の評価及び計理等に関する規則」（以下「計理規則」という）が，**必ずしも時価算定基準に沿っていないこと**です。このままだと市場価格のない投資信託を保有している場合，自ら時価を算定しなければならないことも想定され，「従来の実務に配慮する」という開発ポリシーに沿いません。時価算定基準と計理規則の一致が望ましいですが，これには関係者との協議が必要で，公表後概ね1年間をかけ，検討されることになりました。

また，貸借対照表に持分相当額を計上する組合等への出資（従来，持分相当額を取り入れる会計処理を行っている）について，時価の注記をどうするかもさらに検討が必要とされました。そこで，これについては投資信託の取扱いの改正と同時に明らかにするとされました。

ペンディングは，実務への配慮の方針を貫くため

もし，**関係者との協議がないままだと**，時価の算定は以下のようになってしまい，これまでの実務より負荷がかかることが想定される。

ケース	従来の取扱い	時価算定基準導入後の取扱い
上場している	市場価格	市場価格
上場していない	合理的に算定された価額が得られればその価額。証券投資信託委託会社の公表する基準価格，ブローカーまたは情報ベンダーから入手する評価価格は，合理的に算定された価額とされる。	時価算定基準に従った時価。第三者から入手した**基準価格等が時価算定基準に従っていない**場合，用いることができず，自ら算定することになる。

<u>開発にあたっての基本的な方針</u>

①財務諸表の比較可能性を向上させる観点から，IFRS第13号の定めを基本的に全て取り入れる。

②これまでの実務等に配慮し，<u>財務諸表間の比較可能性を大きく損なわせない範囲で，個別項目に対するその他の取扱いを定める。</u>

<u>経過措置</u>

①投資信託に関する取扱いを改正する際，その改正に関する適用時期を定める。

②投資信託に関する取扱いを改正するまでは，従来の取扱いを踏襲することができる。

③②の経過措置を適用した投資信託については，「金融商品の時価のレベルごとの内訳等に関する事項」の注記は不要。その場合，レベルごとの注記を行わない旨および貸借対照表計上額を注記する。

実務を配慮する方針を貫いたんだね！

【索　引】

【監修者紹介】

黒木　賢治（統括監修）

公認会計士。金融事業部に所属。
当法人入所後，金融機関やIT関連企業の監査業務に従事するほか，IFRS関連業務，IPO支援業務等のアドバイザリー業務にも従事している。
共著に『キャッシュレス決済のしくみと会計実務』（清文社）がある。

飯田　傑（監修）

公認会計士。第2事業部に所属。
IFRS任意適用会社の監査業務に従事するとともに，IFRSコンバージョン・プロジェクトを基準の解釈面からサポート。
共著に『M&AにおけるPPA（取得原価配分）の実務』（中央経済社），『企業への影響からみる収益認識会計基準 実務対応Q&A』（清文社）などがある。

【執筆者紹介】

櫻井　靖洋（§1）

公認会計士。第3事業部に所属。
監査事業部で監査業務に従事するとともに品質管理部門を兼務。小売業，卸売業，製造業，情報サービス業，物流業等の各業種の監査業務や，IPO支援業務，IFRS対応業務，地方自治体の監査等を経験。
共著に，『図解でスッキリ　ソフトウェアの会計・税務入門』『同　収益認識の会計入門』（以上，中央経済社），『業種別会計シリーズ　卸売業』（第一法規）などがある。

諸江　正彦（§2）

公認会計士。第2事業部に所属。
主に小売業，情報通信システム業，モバイルコンテンツ業，食品業，人材紹介業等の監査業務及びIPO準備会社への監査・業務改善アドバイス業務，米国基準監査業務（リファーラル業務）を中心に従事。
共著に『図解でスッキリ　収益認識の会計入門』『図解でざっくり会計シリーズ⑨　決算書のしくみ』『現場の疑問に答える会計シリーズ⑦　Q&A純資産の会計実務』（以上，中央経済社）などがある。

椎名　厚仁（§3）

公認会計士。第1事業部に所属。
製造業，情報サービス業等の監査業務，非監査業務を担当するほか，日本公認会計士協会監査・保証実務委員会連絡委員会，日本公認会計士協会東京会会計監査委員会の委員も務める。
監査法人勤務前は，情報サービス企業にシステムエンジニアとして従事。
共著に『図解でスッキリ　ストック・オプションの会計・税務入門』『同　ソフトウェアの会計・税務入門』『同　収益認識の会計入門』『M&AにおけるPPA（取得原価配分）の実務』（以上，中央経済社）がある。

菊池　玲子（定義，§4，§5，§9の執筆，全体レビュー）

公認会計士。EYソリューションズに所属し，商社でリスクマネジメント業務に携わる。同社転籍前は新日本有限責任監査法人で小売業，製造業，公益法人等の監査のほか，IPO支援業務，IFRS対応業務，地方公共団体の受託業務に従事。
共著に『図解でざっくり会計シリーズ④　減損会計のしくみ』『同⑨　決算書のしくみ』『図解でスッキリ　外貨建取引の会計入門』『同　ストック・オプションの会計・税務入門』『同　ソフトウェアの会計・税務入門』『同　収益認識の会計入門』『同　仮想通貨の会計とブロックチェーンのしくみ』（以上，中央経済社）。また毎日新聞のウェブサイト『経済プレミア』に『キラリと光る経営者への道』を執筆。

尾田　智也（§6）

公認会計士。金融事業部に所属。

自動車製造業，国際物流業，食品加工製造業，IT関連企業の会計監査業務や上場支援業務等を経験後，金融部門へ移籍し，銀行業の会計監査業務に従事してきた。

近年は，大手銀行および全国の金融機関に対する，組織開発・事業リスクの定量化分析・リスク管理態勢・業務プロセス改善に係るコンサルティングのプロジェクトリーダーを務め，全国で多数の研修やセミナーに登壇している。

日本公認会計士協会非営利法人委員会専門委員。

共著に，『こんなときどうする？　引当金の会計実務』『図解でスッキリ　デリバティブの会計入門』『同　ストック・オプションの会計・税務入門』『Q&A金融商品の会計実務』（以上，中央経済社），『自己株式の会計・法務と税務』（清文社）など多数。

森谷　哲也（§7）

公認会計士。第4事業部に所属。

主に国公立大学法人の監査業務，IPO準備会社等への監査・業務改善アドバイスに従事。そのほか，卸売業，金融業などの各種担当を歴任。

共著に『こんなときどうする？　引当金の会計実務』『図解でスッキリ　収益認識の会計入門』（以上，中央経済社）などがある。

大澤　究（§8）

公認会計士。第5事業部所属。

国内監査部門において，物流会社，建設会社，メーカー，商社等の監査に従事するとともに，IPOを志向するアーリーステージの会社の準金融法監査及びアドバイザリー業務に従事。なお，株式上場したベンチャー企業において，経理部長として通常の決算に加え，内部統制構築，資金繰り管理，IR，株主総会運営等様々なバックオフィス業務を担う経験を有する。

執筆に『図解でスッキリ　外貨建取引の会計入門』『同　収益認識の会計入門』（以上，中央経済社），『ケーススタディ・上場準備実務』（税務経理協会）がある。

図解でスッキリ

時価算定基準の会計入門

2020年7月1日　第1版第1刷発行
2023年10月10日　第1版第5刷発行

編　者　EY新日本有限責任監査法人
発行者　山　本　　　継
発行所　㈱中　央　経　済　社
発売元　㈱中央経済グループ
　　　　パ ブ リ ッ シ ン グ

〒101-0051　東京都千代田区神田神保町1-35
電話　03 (3293) 3371 (編集代表)
　　　03 (3293) 3381 (営業代表)
https://www.chuokeizai.co.jp
印刷/文 唱 堂 印 刷 ㈱
製本/㈲井 上 製 本 所

＊頁の「欠落」や「順序違い」などがありましたらお取り替えいた
しますので発売元までご送付ください。(送料小社負担)
ISBN978-4-502-34851-8　C3034

一目でわかるビジュアルガイド

図解でざっくり会計シリーズ　全9巻

新日本有限責任監査法人［編］　　　　　各巻1,900円＋税

本シリーズの特徴
- ■シリーズキャラクター「ざっくり君」がやさしくナビゲート
- ■コンセプトは「図とイラストで理解できる」
- ■原則，1テーマ見開き
- ■専門用語はできるだけ使わずに解説
- ■重要用語はKeywordとして解説
- ■「ちょっと難しい」プラスαな内容はOnemoreとして解説

■中央経済社■